Bericht der Untersuchungskommission
der Vereinten Nationen über den israelischen Angriff
auf die Gaza-Hilfsflottille

Chronologische Liste der Übersetzer

Lektorat und Korrektur: Helgard Barakat und Ulrike Vestring

UN-MENSCHENRECHTSRAT

Bericht der Untersuchungskommission der Vereinten Nationen über den israelischen Angriff auf die Gaza-Hilfsflottille

Mit Vorworten von

Henning Mankell,
Norman Paech, Annette Groth und **Inge Höger**
sowie einem völkerrechtlichen Gutachten von
Prof. Dr. Norman Paech

MELZER-VERLAG

Grundlage für die Übersetzung war die von den Vereinten Nationen
veröffentlichte Version A/HRC/15/21 vom 25. September 2010.
Dieser Bericht ist in kürzester Zeit von sechs freiwilligen Mitarbeitern,
die aus den verschiedensten Berufen kamen, ins Deutsche übersetzt worden. Das benötigte eine sehr sorgfältige redaktionelle Überarbeitung, die
unter zwei Prämissen stand: Qualität und Zeit. Wir haben unser Bestes
gegeben und bitten jetzt die Leser um Nachsicht und Mitarbeit.
Falls Sie schwerwiegende Fehler entdecken, bitten wir Sie, uns diese
mitzuteilen. Am besten schriftlich an: info@melzer-verlag.de.
Wir danken hier nochmals allen, die uns unterstützt haben.

Für die Richtigkeit aller Links können wir keine Garantie übernehmen.
Die interessierten Leser können aber jeder Zeit in der englischen
Originalfassung, die permanent aktualisiert wird, nachschauen.

Alle deutschen Rechte bei
Melzer Verlag/**SEMIT***edition*, Neu Isenburg 2011
© Bilder: Mario Damion, Heidelberg
Satz & Layout: Bernhard Heun, Rüssingen
Umschlaggestaltung: Johannes Wolfesberger, Straßwalchen
Gesamtherstellung: GGP Media GmbH, Pößneck
ISBN: 978-3-942472-06-7
Printed in Germany
www.melzer-verlag.de

INHALT

VORWORTE

Bald steuert eine größere und stärkere Armada nach Gaza
Die Kluft wird sich vertiefen

Ich hoffe, dass heute, am 27. September 2010, das Wetter südlich von Zypern nicht zu stürmisch wird. Dort, irgendwo in internationalen Gewässern, ist ein Katamaran Richtung Israels Küste unterwegs. Besser gesagt, der Katamaran segelt in Richtung auf den Gaza-Streifen, der Teil des palästinensischen Gebiets, der der israelischen Blockade ausgesetzt ist.

An Bord des Katamarans befinden sich Juden, die sich gegen die Blockade wenden und eine friedliche Lösung des Problems anstreben. (Ich weiß jetzt, dass es viele Israelis gibt, die behaupten werden, dass dies „selbsthassende" Juden sind, die ihr eigenes Bestes nicht kennen. Ich dagegen glaube fest daran, dass sie sensibel genug sind zu erkennen, dass das, was sie tun, notwendig ist, um ein zukünftiges Blutbad zu verhindern.)

Vor vier Monaten war ich in diesen Gewässern. Ich befand mich auf dem griechisch/schwedischen Frachter „Sofia". (Der Name des Schiffes wurde später in *Eleftheri Mesogios* geändert.) Das Schiff war in seetüchtigem Zustand, aber viel mehr nicht. Wir waren Teil der ersten Armada, die mit friedlichen Mitteln versuchte, die illegale und unmenschliche Blockade der in Gaza gefangenen Palästinenser zu brechen. An Bord hatten wir so ziemlich alles: Entsalzungsanlagen, Medikamente usw. – außer Waffen. Ich muss nicht wiederholen, was in der Nacht Ende Mai passierte. Inzwischen ist es weltweit bekannt. In internationalen Gewässern, weit entfernt von der israelischen Küste, schlug die israelische Armee hart und rücksichtslos zu, mit Kampfhubschraubern, Kriegsmarine und Kommandosoldaten. Die Wahrheit darüber, was passiert ist, ist unwiderlegbar: Hätten die Israelis nur die Armada stoppen wollen, so wäre das sehr leicht gewesen: Ketten um Ruder und Propeller werfen, und die Schiffe hätten anhalten müssen. Punkt. Ende der Durchsage. Aber Israel entschied sich für die gewalttätige Attacke. Dass es nachher behauptete, die israelischen Soldaten wären gezwungen gewesen, sich zu verteidigen, ist eine lächerliche Lüge. Wer griff wen an? Wer war es, der friedlich in internationalen Gewässern segelte? Die Antwort ergibt sich von selbst. Nicht einmal die Israelis selbst haben Kraft und Ausdauer genug, um die Lüge von der Selbstverteidigung aufrechtzuerhalten. Besonders jetzt nicht, nachdem der gerade veröffentlichten UN-Bericht von einer „Gewalt der Sonderklasse, was die Brutalität und Proportionen angeht" spricht. Ähnliche Bezeichnungen in einem UN-Bericht hat es kaum je gegeben.

Neun Menschen sind in jener Nacht getötet worden. Israel wählte eine völlig verfehlte Strategie. Idiotisch und zynisch, um Klartext zu reden. Die weltweiten Reaktionen waren gewaltig. Heute befindet sich Israel auf dem Rückzug.

Noch ist nichts entschieden, die Blockade dauert an. Auch die israelischen Argumente sind dieselben wie früher: Raketen werden von Gaza auf Israel abgefeuert. Israel hat das Recht, sich zu verteidigen. In diesem Argument liegt der entscheidende Punkt: Man kann bei seiner Argumentation vom Raketenbeschuss ausgehen, ohne die Frage zu stellen: was passierte vorher? Gibt es keine Vorgeschichte? Was passierte im Zusammenhang mit der Ausrufung des israelischen Staates 1948? Was passierte mit allen aufgezwungenen Vertreibungen? Wer berichtet darüber, dass vor den Raketen, die von Gaza nach Israel abgefeuert wurden, die Palästinenser ständigen Angriffen von Israel ausgesetzt waren? Sind es nur die Israelis, die ein Recht haben sich zu verteidigen? Mit modernsten Waffen aus den USA gegen außerordentlich unmoderne Waffen der Palästinenser? Wie viele Palästinenser wurden während des letzten Gaza-Krieges getötet? 1.400 Personen. Wie viele Israelis wurden von palästinensischen Raketen getötet? 4 Personen.

Ich habe diesen Sommer versucht, die Geschichte gründlicher zu studieren, als ich es bislang getan hatte, um sie besser zu verstehen. Man kann sagen eine Art der selbstkritischen Prüfung. Ich hatte es bisher nicht richtig geschafft, meine Argumente gegen die, wie ich meine, unverantwortliche israelische Verteidigung der Blockade Gazas mit lückenlosen Fakten zu untermauern. Jetzt kann ich es und argumentiere folgendermaßen: Heute läuft die Zeit des Baustopps für jüdische Siedlungen im Westjordanland aus. Es gab verzweifelte Versuche der palästinensischen und US-amerikanischen Seite, den Baustopp zu verlängern. Aber es wird nicht gelingen. Das wissen die USA. Die Frage ist, ob es sie wirklich kümmert. Wenn man dies zum Ausgangspunkt von Friedensverhandlungen nimmt, sind sie bereits vom Start an zum Scheitern verurteilt. Warum? Weil man Hamas von den Verhandlungen ausgeschlossen hat. Man scheint vergessen zu haben, dass Hamas nicht eine Einheit ist, sondern aus unterschiedlichen „Fraktionen" besteht, wie man es in der diplomatischen Sprache ausdrückt. Da gibt es gewiss eine Phalanx, die Israel vernichten will, mit der muss man ja nicht verhandeln. Es gibt aber auch andere innerhalb der Hamas, die einen Dialog wollen und zu Gesprächen bereit sind. Wenn man diese Gruppen ausschließt, hat man den Verhandlungen die Grundlage entzogen. Das ist für mich pure Heuchelei.

Was also wird geschehen? Ich für meinen Teil sehe kein anderes Resultat, als dass sich die Kluft [zwischen Israelis und Palästinensern d.Ü.] noch weiter vertiefen wird. Damit wird die Gewalt weiter eskalieren. Israel ist nachweisbar der Besatzer und wird deshalb auch der Angreifer sein. Aber der Widerstand wird nicht schwächer werden. Bereits jetzt weiß ich, dass eine neue Armada vorbereitet wird, die bedeutend größer ist. Es gibt keine Möglichkeit für Kompromisse, wenn es darum geht, die Blockade Gazas endgültig zu beenden. (Das bedeutet nicht, dass man sich einer Waffenkontrolle widersetzt. Das sind zwei ganz verschiedene Fragen.)

Die Frage ist, wie weitsichtig die israelische Bevölkerung und deren Regierung ist. Wenn ich bedenke, dass sich immer mehr Israelis bei mir melden, die sich gegen den „andauernden Wahnsinn" Israels wenden, glaube ich, dass die öffentliche Meinung in Israel gegen die Unterdrückung der Palästinenser zunehmen wird. Sicher, im Augenblick sind die Rechten stark in Israel, das wird sich aber meiner Meinung nach ändern. Noch ist die endgültige Katastrophe ein Stück weit weg. Noch ist Zeit zum Handeln. Aber nicht unendlich viel.

Übersetzung aus dem Schwedischen von Doris Pumphrey

VON NORMAN PAECH

Die Untersuchungskommission des UN-Menschenrechtsrats hat schnell gearbeitet. Am 2. Juni 2010, zwei Tage nach dem israelischen Überfall auf die „Free Gaza"-Flottille, wurde sie eingerichtet. Am 22. September hat sie ihren Bericht abgegeben, nachdem sie 112 Zeugen in Genf, London, Istanbul und Amman vernommen und alle zugänglichen Beweisstücke gesichtet hatte. Am 27. September hat der UN-Menschenrechtsrat über den Bericht diskutiert und mit großer Mehrheit akzeptiert. Die Stimmenthaltung der europäischen Staaten wurde mit der mangelnden Zusammenarbeit mit der vom UN-Generalsekretär Ban Ki Moon einberufenen Kommission begründet, richtete sich also nicht gegen die sehr eindeutigen Ergebnisse der Untersuchung. Und diese sind für die israelische Regierung wie die Armee vernichtend: die Blockade des Gaza-Streifens, die mit der kollektiven Bestrafung der Bevölkerung eine humanitäre Krise hervorgerufen hat, ist rechtswidrig. Ebenso ist die Blockade der „Free Gaza"-Flottille in internationalen Gewässern und ihre Entführung nach Israel rechtswidrig gewesen. Schließlich war der militärische Überfall auf die Flottille und die Erstürmung der *Mavi Marmara* nicht etwa durch das Recht auf Selbstverteidigung gerechtfertigt, wie es die israelische Regierung immer noch behauptet, sondern ein eindeutiger Akt der Aggression, gegen den die Passagiere berechtigt waren, sich zu wehren.

Die Kommission hat vor allem mit eindeutigen Worten die Aggressivität und vollkommene Unverhältnismäßigkeit des israelischen Überfalls verurteilt und noch einmal bestätigt, dass es sich bei der „Free Gaza"-Flottille um eine vollkommen friedliche humanitäre Kommission gehandelt hat. Wir, die wir an Bord der Schiffe waren, wurden immer wieder gefragt, ob wir den Ablauf der Militäroperation nicht hätten vorhersehen können, die Israelis hätten doch unmissverständlich die Kommission als Provokation verurteilt und die Sperrung des Weges nach Gaza erklärt. Natürlich sollte die Flottille nicht nur dringend benötigte Güter nach Gaza bringen, sondern zugleich Israel, die USA und die europäischen Staaten provozieren, endlich die unmenschliche Blockade aufzuheben. Eine solche Provokation war und ist immer noch legitim und legal, da das internationale Recht eine solche

Blockade verbietet. Aber an einen solchen „Auftritt" der israelischen Armee hatte niemand gedacht.

Die israelische Regierung versuchte, die Katastrophe auf der *Mavi Marmara*, die ein erneutes Debakel für das israelische Militär wurde, mit einigen Unzulänglichkeiten und Fehlern der Planung und Durchführung zu erklären. Alles spricht jedoch dafür, dass es sich hier um eine wohl kalkulierte Operation nach dem Muster „shock and awe" gehandelt hat, die ein demonstratives Zeichen setzen sollte: Niemand kommt ohne die Zustimmung der israelischen Regierung nach Gaza, gleichgültig, welche Opfer das erfordert. Dies zeigt einige problematische Aspekte israelischer Politik, die nur schwer zu erklären sind.

Wie schon beim Überfall auf den Gaza-Streifen im Winter 2008/2009 hat die israelische Regierung offensichtlich keine Probleme damit, ihre militärischen Operationen vollkommen außerhalb und gegen das Völkerrecht durchzuführen. Ihre halbherzige Rechtfertigung mit dem Recht auf Selbstverteidigung hat der damalige Verteidigungsminister Ehud Barak selbst als falsch entlarvt, als er später einräumte, den Überfall lange vorher geplant zu haben. Die schweren Kriegsverbrechen gegen die Zivilbevölkerung haben die „moralischste Armee der Welt" in die Realität eines dreckigen Krieges zurückgeholt, in dem der skrupellose Einsatz auch völkerrechtlich geächteter Waffen zu einem Massaker an unschuldigen Zivilisten führte. War es da nicht Naivität, von einer solchen Armee ein Vorgehen nach den Regeln des Völkerrechts zu erwarten?

Deutlich geworden ist bei diesen beiden militärischen Operationen, dass Israels Regierung offensichtlich auch der Schaden an ihrer internationalen Reputation gleichgültig ist, solange nur die USA zu ihr halten. Nach einer weltweiten Meinungsumfrage 2010 im Auftrag der BBC haben Israel, Iran und Pakistan den schlechtesten Einfluss in der Welt; selbst Nordkorea schneidet besser ab. Worüber sich die Regierung allerdings größere Sorge machen sollte, ist der anwachsende Chor von Stimmen in den USA, die sagen, dass das Verhalten Israels die Interessen der USA schädige. Das könnte sehr bald zu einer gefährlichen Erosion der Unterstützung Israels durch die USA führen.

Schließlich zeigen die Operationen, dass die Regierung kein Konzept und keine Vorstellung von einem friedlichen Nebeneinander der beiden Völker in zwei souveränen Staaten hat. Heute leben Juden und Palästinenser notgedrungen in einem Staat, der alle Merkmale eines Apartheid-Staates hat. Besatzungsgewalt ist an die Stelle von Recht getreten und Terror an die Stelle des politischen Dialogs. Nicht nur Avigdor Liebermann, sondern auch Stimmen aus der Generalität haben erklärt, dass es für bestimmte Konflikte keine Lösungen gebe, man sich in ihnen also arrangieren müsse. Das bedeutet, dass die Zukunft eines solchen Staates nicht auf einem nationalen Konsens, verfassungsrechtlicher Gleichberechtigung und wechselseitiger Anerkennung aufbaut, sondern auf Gewalt, Unterwerfung, Raub und notfalls Krieg. Ein höllischer Boden, unter dem ständig das Grollen baldiger Eruptionen zu hören ist.

Was hat den jüdischen Staat, wie er sich selber definiert, so unfähig gemacht, auf die Herausforderungen einer Friedensregelung anders als mit der Gewalt der Siedler und mit dem Krieg der Armee zu antworten? Als Israel 2006 die Blockade gegen den Gaza-Sreifen beschloss, sagte Dov Weinglass, ein enger Vertrauter von Ariel Sharon und Ehud Olmert: „Wir wollen die Bevölkerung auf Diät setzen, sie sollen aber nicht vor Hunger sterben". Obwohl kein biblischer Mythos einen jüdischen Anspruch auf Gaza begründet, hat die israelische Regierung niemals ihren Herrschaftsanspruch über diesen Streifen aufgegeben. Sharons Rückzug 2005 bedeutete nicht Souveränität für die palästinensische Bevölkerung, sondern nur Unterpfand für weitere Annexionen des palästinensischen Kernlandes in der Westbank. Israel hat virtuos auf der Klaviatur der Schwächung der Kolonisierten gespielt, und die Palästinenser haben weder die Kraft allein noch die Unterstützung der arabischen Staaten gehabt, diesem Spiel zu begegnen. Korrumpiert durch die fruchtlosen Verhandlungen und verfeindet durch die Spaltung haben sie nahezu jegliche politische Unterstützung für ihren Staat in den Grenzen vor 1967 verloren.

Nur radikale zionistische Kreise bekennen sich offen dazu, niemals das biblische Judäa und Samaria, die die heutige Westbank ausmachen, aufzugeben. Der politische Zionismus „begnügt" sich mit Teilannexion der drei großen Siedlungsblöcke und einem „Sicherheitsstreifen" im Jordantal. Man muss kein großer Kenner der jüdischen Geschichte sein, um das Sicherheitsbedürfnis als Eckpfeiler jeder jüdischen Staatlichkeit anzuerkennen. Dies auch dann, wenn man nicht davon überzeugt ist, dass die staatliche Existenz Israels derzeit von außen trotz feindlicher Umgebung real gefährdet ist. Die Situation ist komplizierter. Die reale Gefahr kommt aus dem Sicherheitsbedürfnis selbst, bzw. aus der Art, wie mit Gewalt, Besatzung, Landraub und Krieg versucht wird, ihm Rechnung zu tragen. Nichts zeigt deutlicher als die gegenwärtigen „Friedensverhandlungen", dass die Regierung Netanyahu/Liebermann jeden Verhandlungstag als verlorenen Tag auf dem Weg zur Konsolidierung ihrer Besatzung durch das Vorantreiben des Siedlungsbaus abbucht. Nach neuesten Umfragen folgt ihnen 54 %

der Bevölkerung in der Präferenz Siedlungen vor Verhandlungen. Das ist verständlich, denn die Bevölkerung wird in einem ständigen Ausnahmezustand gehalten. Und so pervertiert die Sehnsucht nach Frieden und Ruhe zur Zuflucht zu Gewalt und Aggression. Das offizielle Bekenntnis zu einer Zwei-Staaten-Lösung wird gleichzeitig untergraben und torpediert durch die mal offene, mal verdeckte Fortsetzung des Landraubs durch Siedlungsbau in der Westbank und ethnische Säuberung in Ost-Jerusalem.

„In der Konsequenz wird es keine Zwei-Staaten-Lösung geben", schreibt John J. Mearsheimer und fährt fort: „Stattdessen werden Gaza und die Westbank ein Teil von Groß-Israel, das ein Apartheid-Staat werden wird mit starker Ähnlichkeit zu Südafrika unter weißer Herrschaft. Israelis und ihre amerikanischen Unterstützer sträuben sich gleichermaßen gegen diesen Vergleich. Aber das ist ihre Zukunft, wenn sie ein Groß-Israel schaffen, in dem der arabischen Bevölkerung, die bald die jüdische Bevölkerung zahlenmäßig überflügeln wird, die vollen politischen Rechte vorenthalten werden. Zwei frühere Ministerpräsidenten – Ehud Olmert und Ehud Barak – haben dies in der Tat erkannt. Olmert ging so weit zu sagen, dass ‚sobald das geschieht, der Staat Israel zugrunde gehen wird'. Er hat Recht, weil Israel nicht in der Lage sein wird, als ein Apartheid-Staat zu überleben. So wie das rassistische Südafrika wird es sich schließlich in einen demokratischen bi-nationalen Staat umwandeln, dessen Politik von den zahlreicheren Palästinensern dominiert wird. Aber dieser Prozess wird sich über viele Jahre hinziehen, und während dieser Zeit wird Israel fortfahren, die Palästinenser zu unterdrücken. Dieses wird von einer wachsenden Anzahl von Menschen und mehr und mehr Regierungen in der ganzen Welt beobachtet und verurteilt werden. Israel wird unbewusst seine eigene Zukunft als jüdischen Staat zerstören, und dies mit der stillschweigenden Unterstützung der USA." Und der europäischen Regierungen gleichfalls, müssen wir hinzufügen.

So stark die offizielle Politik auch auf die Zwei-Staaten-Lösung fixiert ist, ihre realen Grundlagen werden ständig angegriffen und verschwinden zusehends. Die Gewalt ist in diesem permanent schwelenden Bürgerkrieg endemisch geworden. Der tägliche Terror durch die militärischen Übergriffe und gezielten Tötungen der israelischen Armee sowie durch die Selbstmordattentate und Raketen der Palästinenser (unter der Bevölkerung) ist eine traurige Selbstverständlichkeit dieses ungelösten Konfliktes. Er wird aber auch immer wieder in größere Gewalt umschlagen, wie wir sie auf der „Free Gaza"-Flottille erlebt haben, wie sie Gaza im Winter 2008/2009 oder der Libanon 2006 erfuhr und wie sie jetzt gegenüber Iran angedroht wird. Nur Zyniker können sich damit als unvermeidliche Hypothek ihres Projektes oder ihrer Idee abfinden. Wenn die verantwortlichen Staaten der UNO dieser Gewalt nicht offensiv entgegentreten, werden sie unvermeidlich selbst in die Spirale des Krieges hineingezogen – es sei denn, dies liegt bereits in dem kalten Kalkül ihrer alten Strategie des „Greater Middle East".

ANNETTE GROTH

„Im Namen der Menschlichkeit" – Vorwort zum Bericht der Untersuchungskommission der Vereinten Nationen zum israelischen Angriff auf die Gaza-Hilfsflottille

Als menschenrechtspolitische Sprecherin der LINKEN im Bundestag setze ich mich für die Achtung der Menschenrechte und die Durchsetzung des humanitären Völkerrechts im israelisch-palästinensischen Konflikt ein. Nur über diesen Weg kann es einmal zu einem gerechten und nachhaltigen Frieden in der Region kommen.

Die kollektive Bestrafung der Bevölkerung durch die Abriegelung des Gaza-Streifens ist nach der *Vierten Genfer Konvention zum Schutz von Zivilpersonen in Kriegszeiten* verboten. Die internationale Staatengemeinschaft hat die Verletzung des humanitären Völkerrechts durch die israelische Regierung trotzdem über Jahre stillschweigend zugelassen.

Sehr treffend hat es einmal John Ging, Leiter der UNRWA in Gaza, bei seinem Deutschland-Besuch Anfang des Jahres gesagt: „Gaza ist zum Synonym für Verletzungen des Internationalen Rechts und der Unmenschlichkeit gegen eine Zivilbevölkerung geworden. So wird das in die Geschichtsbücher eingehen. Jeder westliche Politiker trägt hier eine Mitverantwortung."

Die Idee einer Flottille „im Namen der Menschlichkeit" hat mich daher sofort angesprochen. Hier kamen Menschen zusammen, die an friedlichen Widerstand gegen Unterdrückung glaubten, und die ihren untätigen Regierungen eine eigene Initiative entgegensetzten. Als TeilnehmerInnen der Flottille wollten wir den eingeschlossenen Menschen in Gaza Hoffnung geben und auf diese seit Jahren von der internationalen Staatengemeinschaft tolerierte menschliche Tragödie aufmerksam machen. Daher war die Flottille für mich immer auch ein Plädoyer für die Menschenwürde. Es ist tragisch, dass Menschen, die sich dafür eingesetzt haben, dass andere ein Leben in Würde führen können, dabei ihr eigenes Leben lassen mussten. Niemand von uns hatte damit gerechnet, dass das Schiff so brutal überfallen würde.

Der Menschenrechtsrat der Vereinten Nationen hat am 29. September den vorliegenden Bericht des Untersuchungsausschusses zu dem Überfall auf die Flottille angenommen. Der Bericht verurteilt den bewaffneten Überfall israelischer Spezialeinheiten auf die Solidaritätsflotte nach Gaza mit scharfen Worten. Die Soldaten seien mit ‚nicht hinnehmbarer Brutalität‘ und mit ‚unverhältnismäßiger‘ Gewalt vorgegangen. Der Report bestätigt auch die Berichte von Augenzeugen über willkürliche Hinrichtungen von unbewaffneten Menschen durch israelische Soldaten an Bord der *Mavi Marmara*.

Der Bericht macht deutlich: Die Blockade gegen den Gaza-Streifen ist rechtswidrig. Daher war es auch rechtswidrig, die Flottille aufzuhalten, und es war daher ebenfalls rechtswidrig, die Passagiere anzugreifen und festzunehmen. Die Untersuchungskommission stellt fest, dass die Handlungen der israelischen Streitkräfte gravierende Verletzungen von Normen der internationalen Menschenrechtskonventionen und des humanitären Völkerrechts darstellen.

Entscheidend ist nun, dass dem Bericht politische und strafrechtliche Konsequenzen folgen. Die Verantwortlichen müssen zur Rechenschaft gezogen werden. Das schulden wir den Angehörigen der Toten und allen anderen AktivistInnen, deren Menschenrechte durch den Angriff oder die Folgehandlungen verletzt wurden.

Laut Untersuchungsbericht begründen die Rechtsverletzungen für die Betroffenen das Recht auf Wiedergutmachung. Ihnen müssen angemessene Rechtsbehelfe zur Verfügung stehen, um diese Ansprüche geltend zu machen. Diese Ansprüche ergeben sich größtenteils aus der Verletzung der im *UN-Zivilpakt* und der *UN-Anti-Folter-Konvention* geschützten Rechte. In den Fällen von Folter haben die Betroffenen auch Anspruch auf medizinische und psychologische Betreuung. Die individuelle strafrechtliche Verantwortung würde sich aus schwerwiegenden Verletzungen entsprechend Art. 147 der *Vierten Genfer Konvention* ergeben. Schwerwiegende Verletzungen der Konvention sind u.a. vorsätzliche Tötung, Folter und unmenschliche Handlungen sowie vorsätzliche Verursachung großer Leiden oder schwere Beeinträchtigungen der körperlichen Unversehrtheit oder Gesundheit. Diese schweren Verletzungen der Konvention sind nach Art. 8 des *Römischen Statuts des Internationalen Strafgerichtshof* ein Kriegsverbrechen und liegen damit grundsätzlich in der Gerichtsbarkeit des Internationalen Strafgerichtshofs.

So eindeutig die Lage rechtlich ist, so schwierig wird es sein, die Ansprüche auf Schadensersatz gegen die israelische Regierung und die strafrechtliche Verfolgung der Täter politisch durchzusetzen.

In seinem Ende Mai 2010 erschienenen Jahresbericht beklagte Amnesty International, dass die USA und die Europäische Union ihre Positionen im Weltsicherheitsrat der Vereinten Nationen ausgenutzt haben, um sich internationaler Gerechtigkeit entgegenzustellen und Israel von der Rechenschaftspflicht und Verantwortung für Kriegsverbrechen freizusprechen.

Seit geraumer Zeit setze ich mich in meiner Fraktion und im Ausschuss für Menschenrechte für die strafrechtliche Verfolgungen der Kriegsverbrechen im Gaza-Krieg entsprechend der Forderungen des Goldstone-Berichts ein. Nach der letzten *Resolution A/HRC/15/L.34 des UN- Menschenrechtsrats* vom 27. September droht der Goldstone-Bericht jetzt leider in den Schubladen zu verstauben: Anstatt wie vorgesehen die Angelegenheit nach Ablauf der Fristen für nationale Untersuchungen an den Weltsicherheitsrat weiterzuleiten, um sie dann an den Internationalen Strafgerichtshof zu überweisen, sollen weitere nationale Untersuchungen angestrengt werden. Die Frist für nationale Untersuchungen war bereits einmal um einige Monate verlängert worden. Da die israelische Regierung sich bislang geweigert hat, adäquate Untersuchungen durchzuführen, ist es mehr als fraglich, ob eine weitere Fristverlängerung diesbezüglich sinnvoll ist. Es wäre an der Zeit gewesen, die im Goldstone-Bericht erhobenen Vorwürfe vor dem Internationalen Strafgerichtshof zu untersuchen. Internationale, arabische und israelische Menschenrechtsorganisationen kritisieren daher mit Nachdruck diese politische Entscheidung des Menschenrechtsrats.

Adäquate strafrechtliche Untersuchungen von Verbrechen schulden wir nicht nur den Opfern. Wenn gravierende Verstöße gegen das Völkerrecht nicht angeklagt werden, führt dies zu einer Legitimierung von Kriegsverbrechen. Strafrechtliche Untersuchungen sind auch notwendig, um weiteren Aggressionen vorzubeugen und einem Klima der Straflosigkeit entgegenzuwirken. Die Armee feiert den Krieg gegen den Gaza-Streifen als großen Sieg, so *Yehuda Shaul*, Direktor der israelischen Organisation *Breaking the Silence* bei einem Gespräch mit Mitgliedern des Ausschusses für Menschenrechte im Bundestag. Er befürchtet, dass zukünftige Kriege wieder mit den gleichen Mitteln oder sogar noch schlimmer geführt werden, wenn die Armee sich keinen angemessenen Untersuchungen stellen muss.

Fraglich ist, ob die Chancen, die Täter zur Verantwortung zu ziehen, im Falle des Angriffs auf die Flottille größer sind. Der frühere Chefankläger beim UN-Kriegsverbrechertribunal für Sierra Leone, der Brite Desmond de Silva, erklärte kürzlich, die Beweise reichten für eine Anklage beim Internationalen Strafgerichtshof in Den Haag aus. Weil die *Mavi Marmara* auch unter Flagge der Komoren gefahren sei, wäre das möglich, denn anders als Israel erkennt der Inselstaat im Indischen Ozean den Internationalen Strafgerichtshof an.

Hierfür müssen wir uns stark machen. Auch im Namen der israelischen Menschenrechtsorganisationen, die leider bei uns in den Medien viel zu wenig Beachtung finden. Indem wir beharrlich das einfordern, was Recht ist, stärken wir auch die Kräfte in Israel, die sich dem Schutz der Menschenrechte verschrieben haben und die ihre Regierung für deren langjährige Praxis der Nichtkooperation hinsichtlich bindender völkerrechtlicher Standards zur Verantwortung ziehen.

Vor einigen Monaten hatte ich eine Delegation der israelischen Menschenrechtsorganisation *Physicians for Human Rights* zu Besuch. Deren Vertreterin, *Miri Weingarten*, sagte zu mir: „Als Deutsche ist es eure Pflicht, auf Menschenrechtsverletzungen durch das israelische Militär hinzuweisen. Ihr müsst Position beziehen und Druck ausüben, um mit dieser konstruktiven Kritik Israel voranzubringen." In diesem Sinn müssen wir uns auch weiterhin für die vollständige Aufhebung der rechtswidrigen Blockade des Gaza-Streifens einsetzen.

INGE HÖGER, PAUL GRASSE

Endlich hat der Menschenrechtsrat der UN bestätigt, was alle, die an Bord der „Free Gaza"-Solidaritätsschiffe waren, längst berichtet haben: Die israelische Armee hat vollkommen unverhältnismäßig brutale Gewalt gegen friedliche Aktivistinnen und Aktivisten angewandt und willkürliche Hinrichtungen von Unbewaffneten durchgeführt.

Wohl niemand von uns wird diese Schiffsfahrt und ihr brutales Ende je vergessen. An die Schüsse, den brutalen Überfall der israelischen Armee und die Morde im Stile von Hinrichtungen, an das ebenso laute Schweigen unserer Regierung nach dem Überfall auf hoher See werden wir alle uns immer erinnern. Aber nicht nur die israelische Arroganz der Macht und die Gewalt der Besatzung ist das Erinnern wert. Es sind vor allem die Menschen, die wir in den Tagen auf der Solidaritätsflotte und in den Wochen danach kennen lernen durften, es ist die Kraft dieser Solidarität, die wir nicht vergessen werden. Wir waren eine große internationale Gemeinschaft, unterwegs in Sachen Solidarität. Und, wie wir in diesen Monaten sehen, hat die Flottille „Free Gaza", hat der Überfall auf die *Mavi Marmara* und die anderen Schiffe Tausende inspiriert, sich der Solidaritätsbewegung anzuschließen. Niemand von uns hat sich das schreckliche Ende gewünscht, das mit der Gewalt israelischer Spezialkräfte über uns hereinbrach. Niemand auf diesen Schiffen wollte sterben. Aber trotz des kriegerischen Überfalls, trotz der Morde und der Entführungen ist die israelische Rechnung nicht aufgegangen. Der Terror hat uns nicht gestoppt, die Weltöffentlichkeit wurde aufmerksam auf das Drama der Palästinenserinnen und Palästinenser.

Schiffe brechen Isolation

Die Flotte der Solidarität hat ein deutliches Fanal gesetzt. Aktuell versuchen die USA und die Mächte des Westens, die Palästinensische Autonomiebehörde (die schon lange nicht mehr die Interessen der Mehrheit der PalästinenserInnen vertritt, aber sie immer noch verkaufen kann) in Verhandlungen zu zwingen. Verhandlungen, in denen die PalästinenserInnen zur Aufgabe all ihrer historischen und völkerrechtlich verbrieften Rechte im Austausch für verlangsamte Siedlungstätigkeit in der Westbank gezwungen werden sollen. Doch Israel ist nicht einmal bereit, so zu tun, als wenn es bereit wäre, die Siedlungen einzuschränken. Und das, obwohl die US-Administration der israelischen Regierung Unglaubliches angeboten hat: u.a. sollte Israel im Austausch für einen zweimonatigen Siedlungsstopp Soldaten im Jordantal stationieren dürfen!

Die Solidaritätsflotte hat den Mantel des Schweigens, den Israel gemeinsam mit den USA und der EU über das Verbrechen der Besatzung gelegt hat, fortgerissen. Bis dahin schien die Belagerung Gazas der Weltöffentlichkeit entgangen zu sein.

Zur Rekapitulation:

In den Osloer Verträgen von 1994 wurde die geografische Abtrennung Gazas von der Westbank zementiert. In der Westbank begann ein rasantes Wachstum israelischer Besiedlung. Gaza wurde mit einem elektrischen Zaun umgeben. Das war der erste Schritt zum Ghetto Gaza, wie wir es heute kennen. 2005 evakuierte die israelische Armee die rund 5000 israelischen Siedler aus Gaza, die bis dahin verhindert hatten, dass Israel Gaza völlig abschreiben und als feindliches Gebiet betrachten und behandeln konnte. Es war, wie sich zeigen sollte, im Grunde eine Frontbegradigung, bei der die israelische Armee verbrannte Erde hinterließ: Alle Gewächs- und Wohnhäuser, Wasserleitungen, Stromversorgung der Siedlungen wurden zerstört. Nur die Synagogen ließ man stehen. Sie wurden wenig später in Brand gesteckt.

2006 gewann die Hamas die Wahlen zum palästinensischen Legislativrat. Daraufhin begannen die Industrienationen, den Behördenpräsidenten ohne demokratisches Mandat, Mahmud Abbas, und seine Bürokraten gegen die Hamas aufzurüsten. Nachdem der Putschversuch von Abbas und seiner Autonomiebehörde gegen die gewählte Regierung in Gaza gescheitert war, wurde Gaza von den USA und der EU einer politischen und von Israel einer ökonomischen Blockade (der Grenzen) unterzogen. Schon das hatte hinsichtlich der Situation der Bevölkerung katastrophale Folgen. Aber Israel hatte noch nicht genug: Zum Jahreswechsel 2008/2009, zu einem Zeitpunkt, an dem sich ein großer Teil der Menschheit in Festtagsstimmung befindet, begann die israelische Luftwaffe ein gnadenloses Bombardement Gazas. In knapp drei Wochen wurden mehr als 1400 Menschen getötet. Die Infrastruktur wurde zum größten Teil zerstört, neue unbekannte Waffen wurden eingesetzt. Menschen wurden mit weißem Phosphor in Fackeln verwandelt, deren Wunden tagelang weiter brannten. Um den Wiederaufbau zu verhindern, wurde die Blockade weiter verschärft. Keine westliche Regierung hat irgendwelche ernst zu nehmenden Regungen gezeigt, die Blockade zu beenden. Obwohl die so genannte internationale Gemeinschaft Zusagen von mehr als 4 Mrd. US-Dollar für den Wiederaufbau machte, liegt Gaza in weiten Teilen immer noch in Ruinen. Nur wenige Hilfsorganisationen haben auf die dramatische Lage in Gaza aufmerksam gemacht. Bis die Schiffe von „Free Gaza" Che Guevaras Slogan von der Solidarität als „Zärtlichkeit der Völker" Leben einhauchten.

Angriff auf die Säulen der Solidarität

Die Autonomiebehörde hatte in den Jahren nach Oslo dafür gesorgt, dass der ganze NGO- und humanitäre Sektor sich bei der Palästinensischen Autonomiebehörde (PA) registrieren ließ und nur so Gelder bekam. Das bedeutete einerseits, dass die Organisationen entsprechendes Personal haben mussten. Sie mussten in der Lage sein, die meist englischsprachigen Anträge auszufüllen, und dazu bereit sein, sich politisch unterzuordnen. Die daraus erwachsene Professionalisierung und Institutionalisierung koppelte die Arbeit vieler Organisationen von der Basis und den Bedürfnissen der Menschen ab. Aus Selbsthilfe wurden Almosen. Nach der Wahl der Hamas fielen große Teile des gesponserten NGO-Sektors in sich zusammen. Übrig blieben die kleinen Organisationen ohne Akkreditierung und ohne Geld, aber eben auch ohne Abhängigkeiten. Die Lücken, die sich im Sozialsystem auftaten, werden schon seit langem von islamischen Hilfsorganisationen wie der türkischen und der gleichnamigen (aber organisatorisch unabhängigen) IHH, der Islamic Relief Foundation, oder natürlich dem Roten Halbmond gestopft. Die Bedeutung dieser Organisationen für die Menschen in Gaza ist groß. Das erklärt auch die Angriffe auf solche Organisationen mit der zynischen Begründung, dass jeder Cent an Hilfe, der nach Gaza geht, die Hamas entlasten würde.

Der Abzug aller für Gaza lebensnotwendigen finanziellen Mittel ist Teil der westlichen Blockadepolitik. Während des Angriffes auf Gaza 2008/9 wurden auch die Schulen des UN-Flüchtlingshilfswerks UNRWA getroffen und zerstört. Israel hat damit klar gestellt, das es keine Hilfe duldet, die den Überlebenswillen der Palästinenser in Gaza aufrecht erhalten könnte. Dabei assistieren viele Regierungen weltweit. Jegliche Hilfe für den Gaza-Streifen wird unter Terrorverdacht gestellt. In Deutschland wurde vor wenigen Monaten der Verein IHH e.V. verboten, weil dieser Verein gegen den im Vereinsrecht enthaltenen Passus zur Völkerverständigung verstoße. Dieser Vorwurf gründet sich einzig und allein darauf, dass der IHH e.V. Sozialvereine in Gaza finanziell unterstützt hat. Die Finanzierung sozialer und humanitärer Initiativen in Gaza entlaste das Budget der Hamas, die dann Gelder in den „Terrorismus" investieren könne. Mit dieser zynischen Begründung fragt man sich schon, warum eigentlich UNRWA in Deutschland nicht verboten wird. Jegliche humanitäre Hilfe gerät unter Terrorverdacht. Auch palästinensische Parteien wie z.B. die PFLP werden in Deutschland mit Hinweis auf angeblichen Terrorismus verboten.

In Israel selbst nehmen Angriffe auf Menschenrechtler und „illoyale" Israelis zu. Die palästinensische Minderheit in Israel steht unter dem Generalverdacht, dem jüdischen Staat die Gefolgschaft zu verweigern: Premier Netanyahu will das Bekenntnis zu Israel als jüdischem Staat zur Voraussetzung für den Besitz eines israelischen Passes machen. In der Westbank wird weiter Jagd auf Oppositionelle gemacht. Vor wenigen Jahren betrieb Israel eine lange Kampagne zur Ausschaltung eines Teils der palästinensischen politischen Eliten, in der gezielt Führungsfiguren der palästinensischen Linken und der Opposition getötet wurden. Über 6000 politische Gefangene sitzen in israelischen Gefängnissen.

In den USA greift das FBI Solidaritätsorgansiationen an. Unter dem *Patriot Act* fallen Linke und solidarische Aktivisten unter Terrorverdacht: So wurden Ende September in mehreren Bundesstaaten Wohnungen und Büros durchsucht. Sich für Frieden, Gerechtigkeit und Verständigung einzusetzen, wird zu einer Bedrohung für die nationale Sicherheit. Verbote von Hilfsorganisationen stehen in den USA mindestens seit 2001 auf der Tagesordnung. Aktuell sind allein in den USA 13 Hilfsorganisationen mit Bezug auf Palästina unter Terrorverdacht gelistet. Die beiden größten muslimischen Hilfsorganisationen, die *Holy Land Foundation* und die *Al Aqsa Foundation*, stehen seit 2001 bzw. seit 2003 auf der US-Terrorliste. Beweise gibt es keine, die Vorwürfe gegen die *Holy Land Foundation* haben sich als gegenstandslos herausgestellt. Trotzdem steht die *Holy Land Foundation* auch in der EU nach wie vor auf der Terrorliste.

Mit dem Entzug humanitärer Hilfe soll Gaza gefügig gemacht werden. Die Menschen Gazas jedoch weigern sich, ihre Rechte im Austausch für Almosen zu verkaufen.

„Friedensverhandlungen": Palästina auf dem Grabbeltisch?

In den aktuell stattfindenden so genannten Friedensverhandlungen scheint es Konsens zwischen den Verhandlungspartnern zu sein, die Hamas und alle PalästinenserInnen auszuschließen, die nicht bereit sind, sich dem Besatzungsregime klaglos unterzuordnen. Am Verhandlungstisch sitzen ein Diktator, ein Monarch, eine Marionettenregierung und zwei Krieg führende Staatsoberhäupter. Die letzteren – Netanyahu und Obama – sind verantwortlich für die militärischen Besatzungen in Irak, Afghanistan und Palästina. Neben ihnen sitzen: Der mandatslose Behördenchef der Palästinensischen Autonomiebehörde Mahmud Abbas, der jordanische König Abdullah II. und der ägyptische Präsident Mubarak.

Mahmud Abbas ist der Nachfolger von Yassir Arafat im Präsidentenamt. Er ist kein Repräsentant des Widerstands gegen die Besatzung. Aber er ist Chef einer diktatorischen Behörde und hat gegen die demokratischen Wahlsieger geputscht. Das Ende seiner Amtsperiode als Präsident der Autonomiebehörde im letzten Jahr ignoriert er tapfer, ohne neue Wahlen für notwendig zu halten, denn es könnte ja sein, dass er verliert. Nur ein kleiner Teil der palästinensischen Gesellschaft unterstützt die Anwesenheit des „Präsidenten ohne Mandat" bei den Verhandlungen. Hunderte sitzen in seinen Gefängnissen, meist für Widerstand gegen Korruption und Besatzung.

Der jordanische König Abdullah II. musste nicht gewählt werden, denn er steht einer monarchistischen Diktatur vor. Von Presse- und Redefreiheit kann in seinem Land nicht die Rede sein. Erst im vergangenen Jahr hat Abdullah II. willkürlich das Parlament auflösen lassen. Weil die Mehrheit der jordanischen Bevölkerung palästinensischen Ursprungs ist, wurde der Charakter Jordaniens „als Land der Jordanier" in der Verfassung festgeschrieben. Während des Schwarzen Septembers 1970 ließ sein Vater die PLO im Land zerschlagen. Über 10.000 Palästinenser wurden damals getötet.

Ägyptens Präsident Mubarak hat ein besonderes Interesse an der Unterdrückung des palästinensischen Widerstands, weil er befürchtet, dass ein Erfolg gegen die israelische Besatzung ein starkes Signal an die ägyptischen Arbeiter und die Opposition senden würde. Schon jetzt ist die Mutter der Hamas, die Moslembruderschaft, die stärkste Oppositionskraft im Land. Im vergangenen Jahr haben riesige Streiks Ägypten erschüttert. Mubarak kann sich nur mit Hilfe von Gewalt und Terror an der Macht halten. Mubarak regiert seit seiner Machtergreifung 1981 mit Hilfe von Notstandsgesetzen. Auf 100 Ägypter kommen rund 17 Sicherheitskräfte. Politische Aktivisten müssen damit rechnen, für immer in Gefängnissen zu verschwinden oder auf der Straße von Geheimdienstleuten totgeschlagen zu werden. Ägypten ist vertraglich an der Abriegelung Gazas beteiligt. Auf Palästinenser, die eine in die Mauer zwischen Gaza und Ägypten gesprengte Lücke zum Einkaufen nutzten, ließ Mubarak schießen. Der Diktator versucht, mittels Änderung der Verfassung seinen Sohn als Nachfolger durchzusetzen. Ägypten ist, nach Israel, der größte Empfänger US-amerikanischer militärischer Auslandshilfe.

Ausgerechnet diese beiden arabischen Länder sollen jetzt den USA, die den Irak zerbombt haben und den Iran permanent bedrohen, dabei behilflich sein, Frieden in der Region zu schaffen. US-Außenministerin Hillary Clinton betrachtet die Verhandlungen als Teil ihrer gegen den Iran gerichteten Politik. Man kann nur hoffen, dass die Palästinenser von dieser Art Frieden verschont bleiben. Denn bestenfalls steht am Ende der Verhandlungen eine Befriedung durch Unterdrückung. Ein gerechter Friede unter Anerkennung der Rechte der Unterdrückten und Vertriebenen ist jedoch nicht zu erwarten.

Ein weiteres „großzügiges Angebot"?

Die israelische Regierung ist nicht bereit, einen souveränen palästinensischen Staat an seiner Seite zu akzeptieren. Israel wird keine der vielen UN-Resolutionen als Grundlage von Verhandlungen anerkennen. Israel will auch keine geteilte Hauptstadt Jerusalem. Ein Rückkehrrecht für die palästinensischen Flüchtlinge ist für Israel ebenso inakzeptabel. Und auch die Siedlungen sollen bestehen bleiben. Die US-Verhandlungsführer haben deshalb vorgeschlagen, allen Kernthemen mit „Überbrückungsvorschlägen" aus dem Weg zu gehen. Gleichzeitig wird von der palästinensischen Seite gefordert, Israel als jüdischen Staat anzuerkennen. Das bedeutet, dass die 1,5 Mio. Palästinenser, die innerhalb Israels leben, nur Gäste sind und mit ihrer Vertreibung zu rechnen haben. Der ehemalige israelische Ministerpräsidenten Olmert erklärte kürzlich, wie er die Flüchtlingsproblematik im Rahmen vergangener Verhandlungen entsorgen wollte: Die USA wären 2008 bereit gewesen, 20.000 Flüchtlinge einzubürgern, Israel hätte 100.000 erlauben wollen. Insgesamt gibt es aber laut dem Flüchtlingshilfswerk UNRWA fast 5 Mio. palästinensische Flüchtlinge. Der israelische Außenminister Liebermann möchte die Prinzipien der Verhandlungen ändern: Während bisher immer von „Land für Frieden" gesprochen wurde, fordert er den „Austausch von Territorien und Bevölkerungen". Während Liebermann von dem Flüchtlingsproblem und einem völkerrechtlich garantierten Recht auf Rückkehr für Palästinenser nichts wissen will, bedroht er die 1,5 Mio. israelischen Palästinenser mit Vertreibung: Wer nicht „loyal" sei und bereit, auch für die Armee und den Geheimdienst zu arbeiten, müsse damit rechnen, Teil eines von ihm vorgeschlagenen „Bevölkerungsaustausches" im Rahmen einer sogenannten Zwei-Staaten-Lösung zu werden. Der geplante „Austausch von Territorien" würde bedeuten, dass sich die Idee eines zusammenhängenden Staates Palästina erledigt hätte: Mit der Annexion Jerusalems und weiterer Siedlungsgebiete sowie der Abriegelung Gazas sind die palästinensischen Gebiete in Hunderte kleiner Teile zersplittert.

Kein Frieden ohne Gerechtigkeit.
Frieden statt Befriedung!

Ohne Gerechtigkeit, ohne Anerkennung des Unrechts, das den Palästinenserinnen und Palästinensern seit Jahrzehnten angetan wird, wird es keinen Frieden geben. Ein gerechter Frieden müsste auf der Anerkennung des Unrechts fußen und das Recht auf Rückkehr und Entschädigungen beinhalten. Ohne internationalen Druck und eine starke Solidaritätsbewegung wird sich kaum etwas bewegen.

Frieden kann es nicht ohne eine Massenbewegung in der Region geben, nicht ohne Menschen, die sich auflehnen gegen ihre Diktatoren, die auf die Straßen gehen, wenn Gaza bombardiert wird, und die sich gegen die imperialen Interessen des Westens und ihrer eigenen korrupten Führungen auflehnen.

Nicht mehr nur auf den Straßen der arabischen Staaten formiert sich eine breite Solidarität. Besonders durch die „Gaza Freedom"-Flotte sind weltweit Hunderttausende an die Brutalität der Besatzung durch den Staat Israel erinnert worden. Dem kommenden Konvoi wollen sich bis zu 20 internationale Schiffe anschließen.

Die Komplizenschaft der Bundesregierung müssen wir angreifen. Ohne die seit den 50er Jahren andauernde enge und intensive Rüstungskooperation mit Israel wäre sowohl die Aufrüstung Israels als auch die Wiederbewaffnung Deutschlands erheblich langsamer verlaufen. Die Bundesregierung hält regelmäßig gemeinsame Kabinettssitzungen mit der israelischen Regierung ab. Soldaten werden wechselseitig ausgebildet. In Afghanistan liefern deutsche Tornados mit israelischer Überwachungstechnik am Bug die Zielkoordninaten für Bombeneinsätze. Israelische Drohnen werden von der Bundeswehr geleast und ebenfalls in Afghanistan eingesetzt. Stellungnahmen der EU gegen die Besatzungspolitik werden von Deutschland boykottiert. Auch deutsche Unternehmen profitieren von der Besatzung. Das DAX-geführte Unternehmen HeidelbergCement ist z.B. an der Ausbeutung der Bodenschätze in der Westbank aktiv beteiligt.

Wir müssen den Protest gegen die Besatzung verbreitern. In vielen Städten haben sich Bündnisse „Free Gaza" zusammengefunden. In einer „Zement-Kampagne" soll Geld für Baumaterialien für Gaza gesammelt werden. Das Bauen ist politisch, nicht lediglich humanitär, denn die israelische Regierung will eine dauerhafte Ansiedlung der Menschen in Gaza verhindern.

Die Politik der Bundesregierung muss angegriffen werden. In meinen Augen spielt die LINKE dabei eine zentrale Rolle. Die Palästinenser und Palästinenserinnen nicht nur in Deutschland sehen genau hin, was die LINKE tut. Die Erwartungen sind hoch. Internationale Solidarität im Kampf gegen Unterdrückung und Imperialismus ist Kern linker Politik.

Aber auch der Kampf gegen den neuen Rassismus, der als Islamkritik daherkommt, ist wichtiger Teil der Solidarität. Er ist Teil einer Propaganda, die uns Muslime als gewalttätige Unmenschen verkaufen will. Sie soll zu einer globalen Entsolidarisierung führen. Damit sollen kommende Kriege, nicht nur, aber auch gegen Palästinenser und Muslime, vorbereitet und legitimiert werden. Deshalb:

Für ein Ende der Blockade! Schluss mit der Besatzung!

Der Überfall auf die „Free Gaza"-Flottille am 31. Mai 2010

Völkerrechtliches Gutachten

VON PROF. DR. NORMAN PAECH

I. Der Tatbestand

Der Überfall auf die „Free Gaza"-Flottille am frühen Morgen des 31. Mai 2010 durch die israelische Armee hat weltweit erhebliche Empörung ausgelöst. Bei ihm kamen auf der unter der Flagge der Komoren fahrenden *Mavi Marmara* neun Passagiere ums Leben, mindestens 45 wurden zum Teil schwer verletzt. Während zahlreiche Stimmen von einer schweren Verletzung des Völkerrechts, ja von Kriegsverbrechen sprechen, sieht sich die israelische Armee vollkommen im Recht und hat nach einer internen Untersuchung lediglich einige Pannen bei der Planung und Durchführung der Kaperung der Schiffe eingeräumt.[1]

Um das Geschehen genauer völkerrechtlich analysieren zu können, muss zunächst der Hergang der Ereignisse geklärt werden, der immer wieder unterschiedlich dargestellt wird. Lediglich sechs der ursprünglich acht Schiffe trafen sich am 30. Mai weit südlich der Insel Zypern und westlich von Israel in internationalen Gewässern. Es waren die Passagierschiffe *MV Mavi Marmara* unter der Flagge der Komoren, die *MV Challenger I* unter der Flagge der USA und die *MV Sfendoni* unter der Flagge Togos, die Frachter *MV Defn Y* unter der Flagge von Kiribati, die *MV Eleftheri Mesogios* (Free Mediterranean) unter der Flagge Griechenlands und die *MV Gazze I* unter der Flagge der Türkei. Die unter US-amerikanischer Flagge fahrende *MV Challenger II* musste kurz nach ihrem Auslaufen aus dem griechischen Hafen Agios Nikolaos wegen eines Steuerungsschadens, ein offenkundiger

---

[1] Vgl. Frankfurter Allgemeine Zeitung v. 13. Juli 2010.

Sabotageakt der israelischen Armee,[2] aufgeben und ihre Passagiere auf die *Mavi Marmara* übersetzen. Der von Irland startende Frachter *Rachel Corrie* unter der Flagge von Kambodscha konnte den Treffpunkt wegen verschiedener Probleme nicht mehr rechtzeitig erreichen.

Die Schiffe waren von Athen, Istanbul und Agios Nikolaos gestartet. An Bord waren insgesamt knapp über 700 Passagiere aus 36 Ländern (laut *The Guardian* 671 Passagiere, das Innenministerium von Israel sprach am 5. Juni von 702 deportierten Menschen), 577 allein auf der *Mavi Marmara*. Die Frachter hatten etwa 10 000 t Hilfsgüter an Bord, vor allem Nahrungsmittel und Textilien, Pharmaka und medizinische Ausrüstungen, Baumaterialien wie 3500 t Zement, 750 t Stahl, Holz, Plastikfensterrahmen und Glas, Elektro- und Dieselgeneratoren, Spielzeug, 20 t Papier etc.[3] Es waren nicht die ersten Schiff der „Free Gaza"-Bewegung, die die Blockade des Gaza-Streifens von See aus durchbrechen wollten. Bereits im August 2008 war es zwei Schiffen mit 44 Aktivisten gelungen, Gaza zu erreichen – die ersten internationalen Schiffe seit 42 Jahren. Es folgten vier weitere erfolgreiche Fahrten und drei von der israelischen Marine verhinderte Versuche. Die *Spirit of Humanity*, die am 30. Mai 2009 von der israelischen Armee angegriffen und nach Ashdod entführt wurde, ist immer noch nicht zurückgegeben worden.

Die Flottille war von einer Koalition von sechs Organisationen zusammengestellt worden: 1. *The Free Gaza Movement*, 2. *IHH Humanitarian Relief Foundation*, 3. *The European Campaign to End the Siege on Gaza (ECESG)*, 4. *The International Committee to End the Siege on Gaza*, 5. *The Greek Ship to Gaza Campaign*, 6. *The Swedish Ship to Gaza*. Alle Passagiere waren vor ihrer Reise auf mögliche Gefahren aufmerksam gemacht worden und mussten sich zu vollkommener Gewaltlosigkeit bei einer möglichen Konfrontation mit der israelischen Armee schriftlich verpflichten. Es war absolut verboten, Waffen oder Munition mit an Bord zu nehmen, die Verladung der Fracht wurde von den Hafenbehörden kontrolliert. Wie sich später bei der Untersuchung des Gepäcks der Passagiere und der Löschung der Fracht durch die Israelis im Hafen von Ashdod herausstellte, war dieses Verbot ohne Ausnahme befolgt worden.

Der erste Kontakt mit israelischen Kriegsschiffen erfolgte am 30. Mai gegen 22.30 Uhr über Radar und Funkkontakt. Der Kapitän der *Mavi Mar-*

---

[2]   Vgl. Frankfurter Allgemeine Zeitung v. 2. Juni 2010.
[3]   Detaillierte Auflistung bei IHH, Flotilla Campaign Summary Report Palestine our Route Humanitarian Aid our Load, June 2010, S. 12.

mara antwortete auf die Aufforderung, die Fahrt zu stoppen, dass sich die Flottille in internationalen Gewässern bewege, ca. 70 – 90 Meilen von der Küste entfernt, und ihre Fahrt mit Hilfsgütern nach Gaza fortsetzen werde. Die Passagiere wurden gegen 23.00 Uhr an Deck gerufen und aufgefordert, ihre Rettungsjacken anzulegen zur Sicherheit gegen einen möglichen israelischen Angriff. Nach einer Stunde wurden die Passagiere in ihre Aufenthaltssäle zur Nachtruhe zurückgeschickt. Die Kriegsschiffe folgten der Flottille. Die Satellitentelephone und die Türksat Satellitenfrequenz, die die *Mavi Marmara* zur Kommunikation mit den internationalen Medien, aber auch unter den Schiffen der Flottille benutzte, wurden zu diesem Zeitpunkt geblockt.

Am nächsten Morgen, dem 31. Mai gegen 04.20 Uhr, wurde die *Mavi Marmara* plötzlich beschossen. Zu diesem Zeitpunkt war die Flottille von vier Kriegsschiffen und fast 30 Zodiacs umgeben, 3 Helikopter erschienen, und auch 2 Unterseebote mit insgesamt an die 1000 Soldaten sollen an dieser „Operation Seebrise" beteiligt gewesen sein.[4] Israelische Soldaten hatten versucht, die *Mavi Marmara* von den Zodiacs aus zu entern, was misslang. Der Angriff danach erfolgte mit Tränengas- und Blendgranaten, Farbgeschossen (paint ball guns) und gummiummantelten Stahlgeschossen.[5] Unmittelbar danach, gegen 4.30 Uhr, wurde der Angriff auf die *Mavi Marmara* von Helikoptern aus geführt, von denen sich Soldaten auf das Oberdeck abseilten. Nach verschiedenen glaubhaften Zeugenaussagen wurde das Feuer von den Helikoptern aus eröffnet, noch bevor die Kommandos das Deck erreicht hatten. Dabei wurden zwei Männer, die sich zur Abwehr auf das Oberdeck begeben hatten, getötet.[6] In den folgenden Auseinandersetzungen wurden 9 Personen getötet und 54 verwundet, 23 davon schwer. Es gibt keine Zahlen darüber, wie viele Passagiere sich auf dem Oberdeck den israelischen Soldaten entgegenstellten. Ihnen gelang es auf jeden Fall, drei Soldaten zu entwaffnen und zur Erste Hilfe-Station zu bringen, die im 2. Deck eingerichtet worden war. Sie waren nur leicht verletzt, wurden versorgt und konnten später die Station aus eigenen Kräften verlassen. Die Passagiere benutzten bei ihren Kämpfen mit den Soldaten Stöcke, Eisenstangen, die sie nach einigen Aussagen mit Eisensägen aus der Reling herausgesägt haben sollen, Feuerwehrschläuche, Stühle, Wasserflaschen und andere Gegenstände, die sie an Deck finden konnten. Die erbeuteten Waffen

---

[4]   So IHH, Summary Report, S. 19, 21.

[5]   Vgl. Richard Lightbown, The Israeli raid of the Freedom Flotilla 31 May 2010, A review of media ressources, 28. Juni 2010, S. 10.

[6]   Vgl. Richard Lightbown, op. Cit. S. 11, 12.

wurden von ihnen nicht benutzt, sie wurden z. T. über Bord geworfen. Die Tatsache, dass die israelische Armee keine Details über die Verwundungen der Soldaten veröffentlicht hat, unterstreicht den Befund, dass die Passagiere die erbeuteten Schusswaffen nicht benutzt haben.

Nach ca. einer halben Stunde, gegen 5.10 Uhr, wurden die Passagiere über Lautsprecher auf Englisch und Arabisch aufgefordert, sich in ihre Aufenthaltssäle zu begeben, sich ruhig zu verhalten und jeden Widerstand zu unterlassen. Die Israelis hätten das Kommando über das Schiff übernommen. Das geschah. Auch die auf dem untersten Deck bis dahin aus Sicherheitsgründen eingeschlossenen Frauen wurden jetzt heraufgelassen. Die israelischen Soldaten auf den Außendecks, die aufgefordert wurden, den Gebrauch der Schusswaffen einzustellen, kümmerten sich zunächst nicht darum. Sie richteten immer wieder ihre Waffen von außen auf die Fenster, sobald sich in den Sälen ein Passagier erhob. Nach einiger Zeit gelang es der Knesseth-Abgeordneten Hanin Zoabi Kontakt zu den Soldaten aufzunehmen. Alle Passagiere wurden schließlich einzeln aus den Sälen beordert, untersucht und mit Kabelbindern um die Handgelenke gefesselt. Sie mussten auf den Außengängen in Reih und Glied knien, Frauen und die wenigen Europäer durften sich auf die Bänke setzen. Währenddessen nahm die Flottille Kurs auf Ashdod. Helikopter brachten weitere Verstärkung heran, u.a. auch Hunde.

Die Kaperung der anderen Schiffe zur gleichen Zeit verlief ohne Tote und ohne größere Verletzungen, doch nicht ohne Gewalt und aggressive Beleidigungen. Die israelischen Soldaten benutzten Taser (Elektroschockwaffen) und Gummigeschosse, schlugen etliche Passagiere mit den Kolben ihrer Waffen, so dass sie bluteten, fesselten sie mit Kabelbindern, stülpten ihnen Kapuzen über und verklebten ihnen die Augen – das alles, obwohl es keinen gewaltsamen Widerstand gab. Die Mannschaften wurden mit Waffen zur Kursänderung gezwungen.

Die Fahrt nach Ashdod dauerte mehr als 10 Stunden, während der die Passagiere nur mangelhaft mit Wasser und Nahrung versorgt wurden. Vielen wurde der Gang zur Toilette verwehrt etc. Im Hafen von Ashdod – gegen 19.00 Uhr – wurden alle einzeln von den Schiffen geführt, verhört, einer kurzen gesundheitlichen Untersuchung unterzogen und entweder zum Flughafen Ben Gurion gefahren, um ausgeflogen zu werden (so die deutschen Gefangenen), oder mit Bussen in das Gefängnis in Ber Sheba gebracht (so die ganz überwiegende Anzahl der Gefangenen). Niemand konnte sein Gepäck mitnehmen, welches in verwüstetem Zustand an Bord der Schiffe verblieb. Nur sehr wenigen gelang es, einzelne Memorycards aus ihren Kameras zu retten. Sämtliches elektronische Gerät der Passagiere und Journalisten wurde einbehalten. Die immer wieder gegebenen Versicherungen, dass den Passagieren ihr Gepäck ausgehändigt werde, haben sich bis auf Einzelstücke von zumeist geringem Wert, die nach Istanbul gesandt wurden, als falsch erwiesen.

II. Juristische Wertung

Die israelische Armee wollte mit ihrem Überfall auf die „Free Gaza"-Flottille die Durchbrechung der Gaza-Blockade verhindern. Deswegen ist zunächst diese Blockade des Gaza-Streifens rechtlich zu bewerten.

1. Blockade des Gaza-Streifens.

Der Gaza-Streifen ist aktuell ein Gebiet ohne Staatsqualität, ohne faktische oder rechtliche Souveränität, gleichsam ein juristisches Neutrum. Es ist von keinem Staat anerkannt und nach dem Rückzug der israelischen Siedler und Soldaten im Sommer 2005 in den Augen der israelischen Regierung auch nicht mehr Besatzungsgebiet mit den sich daraus für die israelische Regierung ergebenden völkerrechtlichen Pflichten einer Besatzungsmacht: ein rechtliches Niemandsland. Das bedeutet allerdings nicht, dass es mangels eigener staatlicher Souveränität dem Zugriff seiner Nachbarstaaten beliebig ausgesetzt ist. Der Gaza-Streifen ist nach wie vor Teil des territorialen Verbundes von Palästina, dessen größter Teil, die Westbank, sich unter der Besatzung Israels befindet. Als die PLO 1988 den palästinensischen Staat auf dem Gebiet der Westbank mit Ost-Jerusalem und des Gaza-Streifens ausrief, wurde er von über 100 Staaten anerkannt. Allerdings blieb ihm die Aufnahme in die UNO versagt, obwohl er über alle konstituierenden Merkmale eines Staates – Territorium, Bevölkerung, Regierung und Fähigkeit, mit anderen Staaten in diplomatische Beziehungen einzutreten – verfügte. Die PLO hat nicht weiter auf dem Anspruch eigener Staatlichkeit bestanden, vor allem weil Israels Besatzungspolitik jede Ausübung eigenständiger Souveränität verhinderte.

Der Rückzug der israelischen Siedler und Soldaten im Sommer 2005 befreite den Gaza-Streifen allerdings höchstens bis zu den Wahlen im Januar 2006 von der Besatzung. Denn nach den Wahlen schloss sich wieder der Ring um den Gaza-Streifen, zunächst durch die Verweigerung der Auszahlung der Zoll- und Steuereinnahmen und den Stopp der ausländischen Zahlungen bis zu der vollständigen Blockade mit Boykott und Schließung der Grenzen, nachdem im Juni 2007 Hamas die Macht in Gaza übernommen hatte. Seitdem ist Gaza faktisch wieder zu besetztem Gebiet geworden.

Es besteht kein Zweifel daran, dass die israelische Armee spätestens seit Sommer 2007 den Gaza-Streifen wieder unter ihre vollständige Kontrolle gebracht hat. Weder zu Land noch zu Luft oder Wasser kann jemand ohne die Erlaubnis der israelischen Armee das Gebiet verlassen oder betreten. Die Menschen sind im Gaza-Streifen eingeschlossen, in Kollektivhaft genommen. Schwer kranken Menschen wird die Ausreise für eine medizinische Behandlung im Ausland nur in seltenen Ausnahmen gewährt, Studierende können nicht ausreisen und verlieren ihre Auslandsstipendien und Studienplätze außerhalb von Gaza. Ausländer werden ebenfalls festgehalten, indem ihnen über Monate die Ausreise verweigert wird. Es gibt praktisch keine Bewegungsfreiheit aus dem Gebiet heraus. Jede Bewegung in dem nur 365 km² großen Areal unterliegt der lückenlosen Luftüberwachung durch das israelische Militär.

Für die Anwendung des Besatzungsrechts reicht es aus, dass die Besatzung auch ohne die Anwendung militärischer Gewalt erfolgt, weil etwa jeder Widerstand auf Grund der Übermacht des Gegners unterbleibt. Entscheidend ist nur die vollständige und effektive Kontrolle durch die fremde Macht – und die liegt seit Sommer 2007 im Gaza-Streifen bei der israelischen Armee. Nach der klassischen Definition des Artikels 42 der Haager Landkriegsordnung (HLKO) von 1907 gilt ein Gebiet als kriegerisch besetzt, „wenn es sich tatsächlich in der Gewalt des feindlichen Heeres befindet. Die Besetzung erstreckt sich nur auf die Gebiete, wo diese Gewalt hergestellt ist und ausgeübt werden kann". Es ist aber nicht erforderlich, dass die feindliche Armee sich an jedem Ort des besetzten Gebietes befindet. Besetzt ist ein Gebiet dann, wenn es sich tatsächlich in der Gewalt und effektiv unter der Kontrolle der gegnerischen Streitkräfte befindet, d.h. wenn die Besatzungsmacht faktisch in der Lage ist, ihre Herrschaft über die Zivilbevölkerung durchzusetzen. Dies ist für das Westjordanland und Ost-Jerusalem ganz ohne Zweifel seit 1967 der Fall, gilt aber auch aktuell für den Gaza-Streifen. Auch wenn Israel dieses Gebiet im Jahr 2005 offiziell verlassen hat, hält Israel den Gaza-Streifen spätestens seit 2007 wieder besetzt.

Diese Wertung ist von der israelischen Regierung lange abgelehnt worden, obwohl sie in der völkerrechtlichen Literatur weitgehend anerkannt ist[7] und z.B. auch vom Auswärtigen Amt Deutschlands so gesehen wird. Damit entstehen für Israel als Besatzungsmacht aber wieder eine Reihe von im humanitären Völkerrecht formulierten Pflichten als auch Verbote dessen, was eine Besatzungsmacht nicht tun darf. Diese Verpflichtungen sind in der HLKO und später im IV. Genfer Abkommen von 1949 sowie den beiden Zusatzprotokollen zu den Genfer Abkommen von 1977 kodifiziert worden. Vornehmlich geht es dabei um den Schutz und die Versorgung der Zivilbevölkerung. Israel bestreitet zwar die Anwendbarkeit der Genfer Konventionen auf die besetzten Gebiete und hat auch die beiden Zusatzprotokolle zu den Genfer Konventionen nicht ratifiziert. Das ist jedoch unerheblich, da es sich bereits weitgehend um Gewohnheitsrecht handelt, und die Ablehnung der Genfer Konventionen von niemand anders akzeptiert wird. Auch der Einwand, dass es sich bei den besetzten Gebieten nicht um Staatsgebiete handelt, ist irrelevant, da das Ziel der Konventionen nicht der Schutz der Staatlichkeit, sondern Schutz der Menschen ist.

Artikel 43 HLKO überträgt der Besatzungsmacht die Aufgabe,

> *„alle von ihm abhängenden Vorkehrungen zu treffen, um nach Möglichkeit die öffentliche Ordnung und das öffentliche Leben wiederherzustellen und aufrechtzuerhalten, und zwar, soweit kein zwingendes Hindernis besteht, unter Beachtung der Landesgesetze. "*

Diese Aufgaben umfassen nicht nur die Versorgung der Bevölkerung mit den lebensnotwendigen Nahrungsmitteln und medizinischen Gütern (Art. 55ff. IV. Genfer Abkommen), sondern den Schutz der Menschenrechte, der religiösen und anderen Gebräuche (Art. 27 IV. Genfer Abkommen) sowie die Achtung der innerstaatlichen Rechtsordnung (Art. 64 IV. Genfer Abkommen). Ausdrücklich verboten sind der Besatzungsmacht die Annexion besetzten Territoriums – also Ost-Jerusalems und der Golan-Höhen – (Art. 2.3 u. 2.4 UN-Charta), die Besiedlung mit eigenen Staatsangehörigen sowie die Verschleppung von Teilen der Bevölkerung (Art. 147 IV. Genfer Abkommen, Art. 85.4 des 1. Zusatzprotokolls zu den Genfer Abkommen von 1977).

---

[7]   Vgl. Scobbie, Ian, Israel's Withdrawal from Gaza, the Law of Occupation and of Self-Determination. In: Kattan, Victor (ed.), The Palestine Question in International Law, British Institute of International and Comparative Law, London 2008, p. 637. International Association of Democratic Lawyers (IADL), White Paper on the Legal Issues Implicated in the most Recent Attacks on Gaza, Paris 2009, p. 2.

Der Verstoß gegen diese Verbote ist als Kriegsverbrechen zu ahnden, wofür der Internationale Strafgerichtshof in Den Haag zuständig ist (Art. 8.2 a, b Statut des Internationalen Strafgerichtshofs – IStGH – von 1998).

Im Gaza-Streifen ereignet sich seit Jahren das, was in den letzten Jahren den Begriff „humanitäre Katastrophe" bekommen hat. Bereits vor dem Krieg Ende 2008 hat die israelische Blockade und politische Isolierung des Gaza-Streifens dazu geführt, dass der private Wirtschaftssektor zusammengebrochen ist, 98 % der privaten Unternehmen haben schließen müssen. Die meisten Palästinenserinnen und Palästinenser sind erwerbslos, und 80 % leben in Armut, genau so viele sind von den dürren Nahrungsmittelhilfen, die die Israelis in den Gaza-Streifen lassen, abhängig. Der weltweite Anstieg der Lebensmittelpreise und wiederkehrende Trockenheit haben zu weiterer Nahrungsmittelunsicherheit geführt.[8]

Der Menschenrechtsrat der Vereinten Nationen verurteilt Israel zwar regelmäßig für sein Vorgehen, so beispielsweise in den Resolutionen S-6/1, S-9/1, 10/19 und 10/21[9], verändert hat sich deshalb aber nichts. Israel hält weiter an seiner Strangulierung des Gaza-Streifens auf Kosten der Zivilbevölkerung fest. Daran hat weder der letzte gescheiterte Friedensprozess von Annapolis etwas verändert noch das jüngste Zugeständnis des israelischen Ministerpräsidenten Netanjahu, die Blockade zu lockern.[10]

Die Beauftragte der UNO für Menschenrechte, Navi Pillay, hat, ebenso wie der Chef der UNWRA in Gaza, John Ging, die Blockade des Gaza-Streifens durch Israel als eine schwere Verletzung des Völkerrechts bezeichnet, insbes. von Art. 33 der IV. Genfer Konvention, die eine Kollektivbestrafung der Bevölkerung verbietet. Es wäre sogar zu prüfen, ob die Blockade nicht den Tatbestand eines „Verbrechens gegen die Menschlichkeit" erfüllt, wie es in Artikel 7 des Römischen Statuts von 1998 als Handlung, »die im Rahmen eines ausgedehnten oder systematischen Angriffs gegen die Zivilbevölkerung und in Kenntnis des Angriffs« definiert wird. Dieser Vorwurf trifft nicht allein Israel, sondern die USA und die EU-Staaten gleichermaßen, da sie in voller Kenntnis des Elends und der Zerstörungen diese Blockade unterstützen.

Zudem steht sie in direktem Widerspruch zu den beiden Menschenrechtspakten von 1976, in denen das Recht auf Selbstbestimmung jeweils

---

[8]   United Nations 2009: Consolidated Appeal Process – Humanitarian Appeal 2009, November 2008: S. 32–33.

[9]   Deutschland hat sich bei den genannten Resolutionen der Stimme enthalten.

[10]   Vgl. Frankfurter Allgemeine Zeitung v. 14. Juli 2010, S. 2: Barroso nennt Lockerung der Gaza-Blockade wirkungslos.

in Artikel 1 mit zwingender Verbindlichkeit (ius cogens) kodifiziert ist. In ihnen heißt es:

„(1) Alle Völker haben das Recht auf Selbstbestimmung. Kraft dieses Rechts entscheiden sie frei über ihren politischen Status und gestalten in Freiheit ihre wirtschaftliche, soziale und kulturelle Entwicklung.

(2) Alle Völker können für ihre eigenen Zwecke frei über ihre natürlichen Reichtümer und Mittel verfügen, unbeschadet aller Verpflichtungen, die aus der internationalen wirtschaftlichen Zusammenarbeit auf der Grundlage des gegenseitigen Wohles sowie aus dem Völkerrecht erwachsen. In keinem Fall darf ein Volk seiner eigenen Existenzmittel beraubt werden.

(3) Die Vertragsstaaten, einschließlich der Staaten, die für die Verwaltung von Gebieten ohne Selbstregierung und von Treuhandgebieten verantwortlich sind, haben entsprechend der Charta der Vereinten Nationen die Verwirklichung des Rechts auf Selbstbestimmung zu fördern und dieses Recht zu achten."

2. Die Seeblockade

Ist also Israel verpflichtet, die Blockade nicht nur der Landgrenzen, sondern auch des Luftraums und des Seezugangs aufzuheben, so stellt sich die Frage, ob es rechtliche Gründe zur Rechtfertigung des Angriffs und der Kaperung der „Free Gaza"-Flottille gab, um ihre Weiterfahrt nach Gaza zu verhindern.

Die israelische Regierung beruft sich darauf, die von ihr über die Gewässer vor Gaza verhängte Seeblockade gegen jeden durchsetzen zu können, der die Blockade durchbreche. Sie begründet dieses Recht damit, dass Israel sich seit mehreren Jahren in einem bewaffneten Konflikt mit der Hamas befinde, der sich insbesondere seit der Machtübernahme der Hamas im Juni 2006 intensiviert habe. Israel habe verschiedene Maßnahmen ergriffen, „um die eigene Bevölkerung gegen die terroristischen Angriffe zu verteidigen," bis sie im Dezember 2008 zum äußersten Mittel einer ausgedehnten militärischen Intervention, „Operation Gegossenes Blei", greifen musste.[11]

Der Überfall auf den Gaza-Streifen Ende 2008/Anfang 2009 erfüllte zweifellos alle Kriterien eines „bewaffneten Konfliktes" i. S. des humanitären Völkerrechts. Ob die Zeit nach Einstellung der israelischen Angriffe

---

[11] Vgl. The Home Front Command, Interception of the Gaza flotilla – Legal aspects, June 2010; Außenministerium Israels, http://www.mfa.gov.il/MFA/ Government/Law/Legal+Issues+and+Rulings/Gaza_flotilla_maritime__block ade_Gaza_Legal_background__31-May-2010.htm (10.06.2010).

Mitte Januar 2009 bis jetzt ebenfalls durch die Fortführung des Kriegszustandes gekennzeichnet ist, mag angesichts des nur sporadischen wechselseitigen Raketenbeschusses sowie der gelegentlichen israelischen Überfälle und gezielten Tötungen zweifelhaft sein. Geht man jedoch wie die israelische Regierung von der Fortdauer des bewaffneten Konfliktes aus, so ist die Verhängung einer Seeblockade eine vom Völkerrecht anerkannte Form der Kriegsführung. Sie durchbricht die in Friedenszeiten geltende allgemeine Freiheit der Meere, um den Feind von Nachschub, insbesondere an Waffen und materiellen Gütern sowie anderweitiger Unterstützung abzuschneiden. Sie ist sowohl in internationalen Gewässern wie auch in den Küstengewässern des Feindes möglich. Gewohnheitsrechtlich haben sich einige Voraussetzungen für die Rechtmäßigkeit einer solchen Blockade herausgebildet, zu denen vor allem die öffentliche Bekanntmachung und die effektive Durchsetzung gegen jeden Versuch der Durchbrechung gehören.[12]

Zu den Voraussetzungen einer rechtmäßigen Blockade gehört allerdings auch, dass es sich um einen internationalen bewaffneten Konflikt, d.h. um einen Konflikt zwischen mindestens zwei Staaten handelt. In einem nichtinternationalen Konflikt ist der Staat auf seine Hoheitsgewässer beschränkt, wenn die Regierung mittels einer Seeblockade ihre innerstaatlichen Gegner von ausländischer Unterstützung abschneiden will. Die gleiche Beschränkung trifft nach weitverbreiteter Ansicht die Besatzungsmacht, die eine Blockade nur in den Gewässern des besetzten Territoriums, nicht aber in internationalen Gewässern durchführen kann.[13] Zum einen reicht eine solche Blockademöglichkeit aus, Waffenlieferungen an den Gegner abzufangen, und damit die eigene Sicherheit zu gewährleisten, wie es nach den Haager Regeln erlaubt ist. Zum anderen erlaubt die Besatzungssituation keine Ausdehnung der Besatzungsrechte auf internationale Gewässer und die Einschränkung des allgemeinen Grundsatzes der Freiheit der Meere.

Es ist allerdings darauf hinzuweisen, dass es sich bei diesen Grenzen des Blockaderechts nicht um kodifiziertes Recht handelt und dass sie nicht unbestritten sind. So werden gerade in Hinsicht auf die Gaza-Seeblockade unter Berufung auf historische Präzedenzfälle die erwähnten Beschränkungen des Blockaderechts nicht anerkannt und eine Blockade auch in internationalen

---

[12]   Vgl. Bothe, Michael, Friedenssicherung und Kriegsrecht. In: Vitzthum, Völkerrecht 2007, Rn. 85 ff. Heintschell von Heinegg, Blockade. In: Wolfrum, Rüdiger (ed.), Max Planck Encyclopedia of Public International Law, http://www.mpepil.com (10.06.2010), Rn. 28 ff., 33 ff.

[13]   Vgl. Heintschel von Heinegg (Anm. 12), Rn. 25.

Gewässern für rechtmäßig gehalten.[14] So alt die Praxis der Seeblockade als Mittel der Kriegsführung ist, so wenig ist sie vertraglich kodifiziert. Sie wird als eine der möglichen Zwangsmaßnahmen der UNO in Art. 42 UN-Charta erwähnt. Die Regeln des bewaffneten Konfliktes auf See werden weitgehend durch Völkergewohnheitsrecht festgelegt, welches im „San Remo Manual on International Law Applicable to Armed Conflicts at Sea" (San Remo Manual) gesammelt ist. Auf dieses Manual, welches zwischen 1987 und 1994 von einer Reihe von Experten und Diplomaten zusammengestellt worden ist, beruft sich auch Israel. Es ist selbst rechtlich nicht verbindlich, enthält jedoch zahlreiche Vorschriften, die zu Gewohnheitsrecht geworden sind, und dient gleichsam als „soft law" zur Identifizierung von Völkerrecht.

So wird in den Artikeln 36 – 42 in allgemeinen Vorschriften ein Angriff auf See nur gegen eindeutig militärische Ziele erlaubt, zu denen ausgewiesene Passagier- und Frachtschiffe nicht gehören. Es müssen außerdem Vorkehrungen zum Schutz von Zivilisten getroffen werden. Art. 47 (c) (3) (ii) verbietet Angriffe auf alle Schiffe, „engaged in humanitarian missions, including vessels carrying supplies indispensable for the survival of the civilian population". Dieses trifft nun zweifellos auf die Schiffe der „Free Gaza"-Flottille zu, die ausschließlich humanitäre Güter zur Versorgung der extrem notleidenden Bevölkerung des Gaza-Streifens geladen hatte. Israel ist sogar als Besatzungsmacht zu einer derartigen Versorgung verpflichtet. Indem sie sie nicht leistet, verstößt sie gegen Art. 55 ff. IV. Genfer Konvention. Verhindert sie die Versorgung von außen durch die Blockade, so verstößt auch diese gegen Art. 55 ff.

Israel beruft sich demgegenüber auf Artikel 7.7.1 des „Commander's Handbook on the Law of Naval Operations" (US Navy Handbook), der u.a. sagt:

„While the belligerent right of visit and search is designed to interdict the flow of contraband goods, the belligerent right of blockade is intended to prevent vessels and aircraft, regardless of their cargo, from crossing an established and published and publicized cordon separating the enemy from international waters and/or airspace. "

---

[14]   So Posner, Eric, The Gaza Blockade and International Law, Wall Street Journal, 4. Juni 2010, unter Verweis auf die vom US Supreme Court gebilligte Blockade der Häfen der Konföderation durch die Union im amerikanischen Bürgerkrieg. Dagegen Heller, The Civil War and the Blockade of Gaza (a Reponse to Posner), 4. Juni 2010, http://opiniojuris.org/2010/06/04/eric-posners-incomplete-editorial-on-the-blockade-of-gaza/ (10.06.2010).

Dieses US-Handbook ist in keinem Fall geltendes Völkerrecht, sondern ist nur in dessen Grenzen gültig. Die Vorschrift mag auch in einem internationalen bewaffneten Konflikt zwischen zwei Staaten in dieser Form Gültigkeit haben. Im Verhältnis Israel – Gaza ist jedoch zu berücksichtigen, dass der Konflikt zusätzlich durch eine Besatzung gekennzeichnet ist. In dieser Situation kann zwar eine Blockade aus Sicherheitsgründen verhängt werden, sie hat jedoch Schiffe zur Versorgung der Bevölkerung, die die Sicherheit der Besatzungsmacht nicht gefährden, passieren zu lassen. Es kommt also durchaus auf die Fracht an, die, soweit sie ausschließlich humanitärer Versorgung dient, im Falle der Besatzung nicht durch eine Blockade verhindert werden darf. Das ergibt sich auch aus Art. 102 (b) San Remo Manual, der eine Blockade verbietet,

> „if the damage to the civilian population is, or may be expected to be, excessive in relation to the concrete and direct military advantage anticipated from the blockade. "

Damit rechtfertigt auch der israelische Einwand, es handele sich bei den Baumaterialien Zement, Eisen etc. um Materialien, die auch zu militärischen Zwecken benutzt werden können (sog. „double use") nicht die Blockade. Denn abgesehen davon, ob Zement und Eisenträger, die für den Wiederaufbau der zerstörten Häuser und Fabriken bestimmt sind, auch wirklich militärischen Zielen dienen können – Israel verweist auf die Möglichkeit des Baus von Bunkern zum Schutz vor israelischen Raketen –, steht der „direkte militärische Vorteil" der Blockade doch außer Verhältnis zum Schaden für die Bevölkerung.

3. Der Überfall auf die „Free Gaza"-Flottille

Ist schon die Besatzung des Gaza-Streifens wegen Verstoßes gegen die IV. Genfer Konvention und die beiden Menschenrechtspakte von 1976 rechtswidrig, so ist die Seeblockade gegen fremde Schiffe mit strengeren Maßstäben zu messen als bei einer rechtmäßigen Besatzung. Dies gilt vor allem für die Durchsetzung der Blockade. Israel ist allenfalls ein Recht auf Kontrolle zuzugestehen, ob die Schiffe Waffen enthalten, die die Sicherheit der Besatzungsmacht gefährden könnten. Darauf hinzuweisen ist allerdings, dass alle Schiffe unter Aufsicht der jeweiligen Hafenbehörden beladen und daraufhin überprüft worden sind, ob die Ladung Waffen enthalte. Es lag also objektiv wie auch nach Kenntnis der israelischen Geheimdienste, die von Anfang an die gesamte Kommission unter Beobachtung hatten,[15] kein Verdacht auf Waffenschmuggel vor.

Ein militärischer Angriff, wie er am 31. Mai gegen die Flottille und insbesondere die *MV Mavi Marmara* geführt wurde, ist auf jeden Fall rechtswidrig.[16] Das ergibt sich schon aus dem Gewaltverbot des Art. 2 Ziff. 4 UN-Charta, der jede Gewalt, ob gegen Staaten oder Individuen, verbietet, die nicht durch Selbstverteidigung (Art. 51 UN-Charta) gerechtfertigt werden kann. Zwar beruft sich die israelische Armee auf Selbstverteidigung, sie sei durch die Passagiere der *Mavi Marmara* angegriffen worden. Alle Aussagen der Zeugen auf den Schiffen haben jedoch übereinstimmend und glaubwürdig ergeben, dass die israelische Marine, schon bevor sich ihre Soldaten auf die *Mavi Marmara* abseilten, das Schiff mit Granaten angegriffen hat und dass von den Helikoptern das Feuer auf die Passagiere auf dem Oberdeck eröffnet wurde.

Auch wenn man das Gewaltverbot der UN-Charta außer Betracht lässt und der israelischen Marine ein Kontrollrecht einräumt, verletzte diese Art der Kontrolle das Gebot der Verhältnismäßigkeit der Mittel, welches im Völkerrecht ein wesentliches und verbindliches Prinzip darstellt. Die israelische Marine benutzte exzessive und unverhältnismäßige Gewalt. Die Schiffe wurden nach dem Überfall nicht kontrolliert, sondern gezwungen, Kurs auf den israelischen Hafen Ashdod zu nehmen, sie wurden entführt. Die dortige Kontrolle führte zu dem voraussehbaren Ergebnis, dass sich keine Waffen an Bord befunden hatten. Das Angebot, ausgewählte Güter auf dem Landweg nach Gaza zu bringen, war insofern nicht akzeptabel, als die Flottille Anspruch auf den Transport der gesamten Frachtladung hatte.

Handelte es sich letztlich bei der Seeblockade und ihrer Durchsetzung gegen die „Free Gaza"-Flottille um eine rechtswidrige Aktion, ein Kriegsverbrechen, so stellt sich diese auch als Akt der Aggression gegen den Staat dar, dessen Flagge das angegriffene Schiff trägt. Dieser Staat wäre durchaus zu militärischen Verteidigungsschritten gegen den Angriff berechtigt gewesen. Man kann nur froh sein, dass das nicht geschah, weil dieser Schritt unvorhersehbare Konsequenzen hätte nach sich ziehen können.[17]

---

[15]   Vgl. Paech, Norman, Angriff auf Völkerrecht. Hintergrund. »Free Gaza« – oder was die freie Welt unter Freiheit versteht. In: junge welt v. 16. Juni 2010, S. 10 f.

[16]   Vgl. Stuby, Gerhard, Israel am Scheideweg. In: Sozialismus online v. 4. Juli 2010.

[17]   So auch Farhud, Elisa, „Richard Falk: The Shock Resulting from Flotilla Attack has reinforced the Campaign to de-Legitimize Israel", http://opednews.com /

Der Angriff auf die *MV Mavi Marmara* ist mitunter als Akt der Piraterie bezeichnet worden, weil über den militärischen Angriff und die Entführung der Schiffe hinaus sämtliches Gepäck der Passagiere einbehalten wurde und nur einzelne Stücke wieder in den Besitz ihrer Eigentümer gelangten. Strafrechtlich gesehen liegt insofern ein Akt des räuberischen Diebstahls vor, der offensichtlich vornehmlich der elektronischen Ausrüstung der Passagiere und zahlreichen Journalisten an Bord galt: Mobiltelefone, Kameras, Laptops und Diktaphone. Bei aller Ähnlichkeit z.B. mit der Kaperung des Kreuzfahrtschiffes *Achille Lauro* im Jahr 1985 durch vier Palästinenser, die den US-Amerikaner Klinghoffer ermordeten und über Bord warfen, kann man die Entführung der „Free Gaza"-Flottille doch nicht als Piraterie bezeichnen, da dieser Begriff in dem Seerechtsübereinkommen der Vereinten Nationen von 1982 auf Entführungen durch private Personen und Gruppen angewandt wird.[18] In Art. 101 heißt es:

> *„Seeräuberei ist jede der folgenden Handlungen:*
> *a) jede rechtswidrige Gewalttat oder Freiheitsberaubung oder jede Plünderung, welche die Besatzung oder die Fahrgäste eines privaten Schiffes oder Luftfahrzeugs zu privaten Zwecken begehen und die gerichtet ist*
> *i) auf Hoher See gegen ein anderes Schiff oder Luftfahrzeug oder gegen Personen oder Vermögenswerte an Bord dieses Schiffes oder Luftfahrzeugs;*
> *ii) an einem Ort, der keiner staatlichen Hoheitsgewalt untersteht, gegen ein Schiff, ein Luftfahrzeug, Personen oder Vermögenswerte; … "*

Der Fall der *Achille Lauro* war seinerzeit der Anlass für die „Rome Convention for the Suppression of Unlawful Acts against the Safety of Maritime Navigation", die 1988 geschlossen wurde und alle diejenigen Personen wegen eines internationalen Verbrechens unter Strafe stellt, die ein Schiff gewaltsam entführen und/oder dabei eine Person verletzen oder gar töten. Auch diesen Akt des Diebstahls kann das israelische Militär und die Regierung nicht mit Sicherheitsinteressen als Akt der Selbstverteidigung rechtfertigen.

---

articles/Richard-Falk-The-Shock-Resulting-from-Flotilla-Attack-06222010.html (01-07-2010).

[18] Vgl. Ridley, Yvonne, From Klinghoffer to the Gaza Flotilla, http://www.counterpunch.com/ridley06022010.html (03.06.2010).

III. Resümee

Sowohl die Blockade und erneute Besetzung des Gaza-Streifens wie auch die Seeblockade und der Überfall auf die „Free Gaza"-Flottille erweisen sich in der juristischen Analyse als schwere Verstöße gegen das Völkerrecht. Die Verantwortlichen wären ohne Zweifel vor dem Internationalen Strafgerichtshof (IStGH) in Den Haag zur Rechenschaft zu ziehen, wenn sich Israel der Rechtsprechung des IStGH unterworfen hätte. So ist es denjenigen Strafverfolgungsbehörden überlassen, ein Untersuchungsverfahren gegen die Verantwortlichen zu eröffnen, die wie in Deutschland, Norwegen, Belgien oder Spanien ein Völkerstrafrecht haben, wo die Opfer internationaler Verbrechen auch außerhalb ihres Territoriums die Täter verfolgen können. So haben bisher Passagiere der „Free Gaza"-Flottille aus Norwegen und Deutschland Strafanzeige gegen die Verantwortlichen des Überfalls eingereicht. Daneben erwägen die Geschädigten jeweils zivile Klagen wegen des Verlustes ihres Eigentums, welches ihnen vom israelischen Militär weggenommen wurde.

Abgesehen von gerichtlichen Aktionen ist jedoch eine internationale unabhängige Kommission notwendig, die die immer noch ungeklärten Einzelheiten des israelischen Überfalls und der Vorkommnisse auf den Schiffen untersuchen muss. Die von der israelischen Regierung eingerichtete Untersuchungskommission vermag schon auf Grund ihrer sehr eingeschränkten Untersuchungsbefugnisse (z. B. keine Vernehmung der beteiligten Soldaten) den Ansprüchen der Unabhängigkeit und Vollständigkeit nicht zu genügen.

Hamburg, den 19. Juli 2010

Prof. Dr. Norman Paech

Menschenrechtsrat
15. Sitzungsperiode
Tagesordnungspunkt 1
Organisatorische und Prozedurale Fragen
A/HRC/15/21

BERICHT DER INTERNATIONALEN KOMMISSION ZUR UNTERSUCHUNG VON VERSTÖSSEN GEGEN DAS INTERNATIONALE RECHT BEI DEN ISRAELISCHEN ANGRIFFEN AUF DIE FLOTTILLE VON SCHIFFEN MIT FRACHT FÜR HUMANITÄRE HILFE

Zusammenfassung

Dieser Bericht wurde von der Untersuchungskommission erstellt, die vom Menschenrechtsrat in Resolution A/HRC/RES/14/1 vom 2. Juni 2010 berufen wurde. Sie hatte die Aufgabe, Verstöße gegen das Völkerrecht einschließlich des internationalen humanitären Rechts und der Menschenrechte zu untersuchen, die die israelischen Streitkräfte beim Abfangen der humanitären Hilfs-Flottille auf ihrem Weg nach Gaza am 31. Mai 2010 begangen haben. Neun Menschen waren dabei getötet und zahlreiche andere verletzt worden.

Der Bericht geht auf den Hintergrund des Abfangens der Flottille ein und klärt, welches Recht anzuwenden ist.

Die Untersuchungskommission hat mehr als einhundert Zeugen in Genf, London, Istanbul und Amman gehört. Auf der Grundlage ihrer Aussagen und anderer Informationen hat die Kommission die Umstände der

Ereignisse vom 31. Mai 2010 und den folgenden Tagen rekonstruiert. Der Bericht schildert die Ereignisse, die zum Abfangen der Schiffe der Flottille führten, das Abfangen jedes einzelnen der sechs Schiffe sowie des siebten Schiffs, das am 6. Juni 2010 gekapert wurde. Der Bericht beschreibt den Tod von neun und die Verwundung zahlreicher anderer Passagiere, die Festnahme von Passagieren in Israel und ihre Abschiebung.

Der Bericht analysiert die festgestellten Tatsachen unter juristischen Gesichtspunkten zum Zwecke der Prüfung, ob Verstöße gegen das Völkerrecht einschließlich des internationalen humanitären Rechts und der Menschenrechte vorliegen.

Die Untersuchungskommission kommt zu dem Schluss, dass die Israelis eine Serie von Verstößen gegen das Völkerrecht einschließlich des internationalen humanitären Rechts und der Menschenrechte begangen haben.

I Einführung

A Der Auftrag

1. In Resolution 14/1 vom 2. Juni 2010 beschloss der Menschenrechts-
    rat, „eine unabhängige internationale Untersuchungskommission zu
    entsenden, um Verletzungen des internationalen Rechts einschließ-
    lich des humanitären Völkerrechts und der Menschenrechte zu un-
    tersuchen, die bei den israelischen Angriffen auf die Schiffsflottille
    erfolgten, die humanitäre Hilfe" nach Gaza bringen wollte. Die ge-
    nannte Resolution ermächtigte den Ratspräsidenten, die Mitglieder
    der Kommission zu berufen. Sie forderte die internationale Unter-
    suchungskommission – nachfolgend „die Kommission" genannt –
    auf, ihre Ergebnisse der 15. Sitzungsperiode des Rats vorzulegen.[19]

2. Sieben Wochen später, am 23. Juli 2010, ernannte der Präsident des
    Menschenrechtsrats zum Vorsitzenden der Kommission den Rich-
    ter Karl T. Hudson-Phillips, Kronanwalt, pensionierter Richter des
    Internationalen Strafgerichtshofs und ehemaliger Justizminister von
    Trinidad und Tobago. Zu weiteren Mitgliedern wurden ernannt: Sir
    Desmond de Silva, Kronanwalt des Vereinigten Königreichs, ehe-
    maliger Hauptankläger des von den Vereinten Nationen unterstütz-
    ten Sondergerichts für Sierra Leone, sowie Frau Mary Shanti Dai-
    riam, Malaysia, Gründungs- und Vorstandsmitglied der *International
    Women's Rights Action Watch Asia Pacific* und früheres Mitglied des
    UN-Ausschusses für die Beseitigung der Diskriminierung der Frau
    (CEDAW).

3. Wie in solchen Fällen üblich, richtete das Amt des UN-Hochkom-
    missars für Menschenrechte (OHCHR) ein Sekretariat zur Unter-

---

[19] Die Resolution wurde mit 32 gegen 3 Stimmen bei 9 Enthaltungen angenom-
     men, siehe A/HRC/ RES/14/1

stützung der Kommission ein. Die Fachleute erhielten außerdem Unterstützung von externen Spezialisten für forensische Pathologie, Militärangelegenheiten, Waffen, Seerecht und humanitäres Völkerrecht.

4. Die Kommission verstand es als ihre Aufgabe, die Fakten und Umstände zu untersuchen, die mit dem Entern der auf dem Weg nach Gaza befindlichen Flottille durch israelisches Militär zusammenhingen, und festzustellen, ob dabei gegen internationales Recht, einschließlich des humanitären Völkerrechts und der Menschenrechte, verstoßen wurde.

5. In seinem Beschluss entschied der Menschenrechtsrat, eine Kommission zur Untersuchung von „Verletzungen" des Völkerrechts, des humanitären Völkerrechts und der Menschenrechte als Folge der israelischen „Angriffe" auf die humanitäre Hilfsflotte zu entsenden. Damit ging die Resolution, obwohl noch keine Untersuchung stattgefunden hatte, offenbar davon aus, dass derartige „Verletzungen" tatsächlich vorgekommen waren. Ebenso sah es die Resolution wohl als Tatsache an, dass israelische Angriffe auf die Flottille stattgefunden hatten und dass die Schiffe humanitäre Hilfsgüter geladen hatten.

6. Die Kommission betrachtete es nicht als ihre Aufgabe, von derartigen Annahmen auszugehen. Sie konnte ihre Position erst nach Feststellung der Tatsachen festlegen. Das gleiche gilt für die angeblichen Aktionen der israelischen Streitkräfte.

7. Allgemein wurde nicht bestritten, dass eine Abfangaktion israelischer Streitkräfte gegenüber einer Flottille stattgefunden hatte und dass die Schiffe humanitäre Hilfsgüter geladen hatten. Unabhängig davon sah es die Kommission als ihren Auftrag an, den zeitlichen Verlauf der Ereignisse festzustellen und die rechtlichen Gründe und Rechtfertigungen dafür, soweit vorhanden, zu prüfen.

8. Am 9. August 2010 trat die Kommission in Genf zusammen, um ihre Tätigkeit offiziell aufzunehmen. Kurz zuvor, am 2. August 2010, hatte der Generalsekretär der Vereinten Nationen „die Bildung eines Untersuchungsausschusses für den Flottenzwischenfall vom 31. Mai 2010" angekündigt. Ohne nähere Angaben über das spezielle

Der Angriff …

Bald geht es los …

Dror Feiler, ein Aktivist aus Schweden.

Die Mavi Marmara wird geentert.

Untersuchungsthema zu machen, gab der Generalsekretär der Hoffnung Ausdruck, der Ausschuss werde „seinen Auftrag auf der Grundlage der Erklärung des Präsidenten des Sicherheitsrats erfüllen".

9.   Der UN-Untersuchungsausschuss erhielt den Auftrag, die Berichte nationaler Untersuchungen entgegenzunehmen, sie zu prüfen und daraus Empfehlungen abzuleiten, damit derartige Zwischenfälle in Zukunft vermieden würden.[20]

10.   Israel und die Türkei gaben am 15. Juli beziehungsweise am 10. August 2010 die Einsetzung nationaler Untersuchungskommissionen bekannt.

11.   Nach Ansicht der Kommission unterscheidet sich der Auftrag des vom Generalsekretär ernannten Ausschusses wesentlich von dem ihr erteilten. Das eigentliche Ziel des Ausschusses ist es nämlich, „die Beziehungen zwischen der Türkei und Israel ebenso wie die Gesamtsituation im Nahen Osten positiv zu beeinflussen".[21]

12.   Während der Arbeit an dem vorliegenden Bericht erhielt die Kommission Kenntnis von Sitzungen des israelischen Untersuchungskomitees unter Leitung des Richters Turkel.[22] Es gelang der Kommission, aus dem Internet und anderen Quellen an Aufzeichnungen von einigen der vor dem Turkel-Komitee gemachten Zeugenaussagen zu gelangen. Offenbar waren jedoch Zeugen teilweise in nichtöffentlichen Sitzungen vernommen worden; diesbezügliche Aufzeichnungen waren der Kommission nicht zugänglich.
Soweit die Kommission weiß, übermittelte die von der türkischen Regierung eingesetzte Untersuchungskommission dem Ausschuss des Generalsekretärs am 1. September 2010 einen vorläufigen Bericht.

---

[20]   Tägliche Presseunterrichtung durch das Amt des Sprechers des Generalsekretärs, 2. August 2010
http://www.un.org/News/briefings/docs/2010/db100802.doc.htm.
[21]   ebenda
[22]   Siehe im Anhang den Briefwechsel zwischen der Kommission und der Ständigen Vertretung Israels.

13.   Die Kommission sah es als ihre Aufgabe an, sich um die Kooperation eines möglichst großen Spektrums der an dem Ereignis Interessierten zu bemühen, insbesondere um die Kooperation der Regierungen der Türkei und Israels. Als sehr hilfreich empfand die Kommission Gespräche, die sie in Genf mit den Ständigen Vertretern Israels, Jordaniens, der Türkei, Großbritanniens und der Vereinigten Staaten wie auch mit der Ständigen Beobachtermission Palästinas bei den Vereinten Nationen führte.

14.   Ausdrücklich würdigen möchte die Kommission die Unterstützung, die sie von Seiten der türkischen und der jordanischen Regierung bei ihren Besuchen in Istanbul, Ankara und Amman erhielt. Das Gleiche gilt für die Bereitstellung sachdienlicher Informationen, im Falle der Türkei von offizieller Seite.

15.   Des Weiteren dankt die Kommission den Vertretungen der Vereinten Nationen und des UN-Entwicklungsprogramms (UNDP) in Ankara und Amman für ihre Kooperationsbereitschaft. Bei der Unterrichtung über die Lage im Gaza-Streifen erfuhr die Kommission wertvolle Zusammenarbeit von Seiten des UN-Koordinationsbüro für Humanitäre Angelegenheiten in den Besetzten Palästinensischen Gebieten (OCHA oPt), von der UN-Hilfsorganisation für Palästinensische Flüchtlinge im Nahen Osten (UNRWA) sowie vom Büro des UN-Sonderkoordinators für den Nahost-Friedensprozess (UNSCO).

16.   Die Kommission stellt mit tiefem Bedauern fest, dass der Ständige Vertreter Israels am Ende einer sehr freundschaftlich verlaufenen Zusammenkunft am 18. August 2010 eine schriftliche Erklärung überreichte, in der es hieß, seine Regierung bestehe auf Nicht-Anerkennung und Nicht-Zusammenarbeit mit der Kommission. In der Hoffnung, diese Haltung werde sich vor dem Abschluss ihrer Tätigkeit ändern, übergab die Kommission dem Ständigen Vertreter eine Liste erbetener Informationen.[23]

17.   Da sie nichts vom Ständigen Vertreter Israels gehört hatte, bat die Kommission ihn mit Schreiben vom 7. September erneut um In-

---

[23]   Siehe Anhang

formationen. Mit Schreiben vom 13. September ersuchte der Ständige Vertreter die Kommission, die Übergabe ihres Berichts an den Menschenrechtsrats zu verschieben, mit der Begründung, die Kommission solle den Bericht des Untersuchungsausschusses von Richter Turkel in Israel und den Bericht des vom UN-Generalsekretär ernannten Untersuchungsausschusses abwarten. In ihrer Antwort erklärte die Kommission dem Ständigen Vertreter, dieses Ersuchen sei an den Menschenrechtsrat selbst zu richten. Bedauerlicherweise hat die Kommission bis zum heutigen Tage keine Informationen von Seiten der israelischen Regierung erhalten.

B   Die Untersuchungsmethode

18.   Nachdem die Kommission offiziell zusammen getreten war, änderte sie die Formulierung ihres Mandats, so dass sie ihrer Interpretation des erteilten Auftrags entsprach. Sodann legte sie ihre Arbeitsmethoden und die Kriterien für die Auswahl von Zeugen fest, die an der Flottille beteiligt gewesen waren.

19.   Die Kommission hatte Zugang zu diversen Informationsquellen über den zu untersuchenden Zwischenfall, so zu Aussagen von Augenzeugen, forensischen Berichten und Interviews mit forensischen und medizinischen Fachleuten in der Türkei wie auch zu schriftlichen Erklärungen, Video- und Fotomaterial.

20.   Bei ihrer Feststellung der Tatsachen rund um die israelische Abfangaktion legte die Kommission besonderes Gewicht auf Beweismaterial aus erster Hand, das sie durch Interviews mit Augenzeugen und Angehörigen der Schiffsbesatzungen wie auch durch forensische Berichte und Interviews mit Regierungsvertretern gewann. Kameras, Filme und elektronische Speichergeräte waren beschlagnahmt und später nur selektiv und zu einem winzigen Teil freigegeben worden. Infolgedessen sah sich die Kommission genötigt, die von den israelischen Behörden veröffentlichten Berichte über die fraglichen Vorgänge mit äußerster Skepsis zu bewerten, soweit diese

Berichte nicht mit den Aussagen von Augenzeugen übereinstimmten, die die Kommission selbst befragte.

21.   In Anbetracht begrenzter Mittel und knapper Zeit reiste die Kommission nach Istanbul, Ankara und İskenderun (Türkei), nach Amman (Jordanien) und nach London, um Zeugen anzuhören, Gespräche mit Regierungsbeamten zu führen und das Schiff *Mavi Marmara* zu inspizieren, auf dem am 31. Mai 2010 neun Passagiere umgekommen waren. Die Kommission konnte mehrere Personen kontaktieren, die ihr Informationen über die zu untersuchenden Fragen geben konnten. Insgesamt 112 Zeugen[24] wurden gehört, entweder von der Kommission im Ganzen oder von einzelnen ihrer Mitglieder. Zusätzlich wurden der Kommission schriftliche Erklärungen von Augenzeugen durch deren Anwälte übermittelt.

22.   Mehrere Rechtsanwaltssozietäten haben die Kommission in dankenswerter Weise unterstützt. Sie veranlassten von ihnen vertretene Personen, die an den Ereignissen um die Hilfsflotte beteiligt waren,[25] vor der Kommission zu erscheinen. Auch traf die Kommission in Genf, Istanbul und Ankara mit verschiedenen Nichtregierungsorganisationen zusammen.

23.   Nach Ansicht der Kommission hat sie eine ausreichend große Zahl und Bandbreite von Zeugen angehört, um ein umfassendes Bild der Ereignisse vom 31. Mai 2010 zu gewinnen. Zusätzlich zu den direkt erlangten Informationen berücksichtigte die Kommission nachprüfbares Material aus verschiedenen anderen Quellen.

24.   Bei der Beurteilung der Aussagen achtete die Kommission besonders auf das Verhalten der vor ihr erschienenen Zeugen und den Gehalt ihrer Aussagen. Danach entschied sie, ob und welche Informationen berücksichtigt würden. Glaubwürdigen Zeugenaussagen maß die Kommission mehr Gewicht zu als Informationen aus anderen

---

[24]   Interviews mit Zeugen wurden an folgenden Orten geführt: London, Genf, Istanbul, Amman. Die Kommission dankt der Internationalen Seeschifffahrts-Organisation für ihre Hilfe bei der Bereitstellung von Räumen für die Interviews in London.
[25]   Rechtsanwaltkanzleien in London, Istanbul und Athen haben die Kommission unterstützt.

Quellen. Auf Hörensagen beruhende Aussagen wurden den jeweiligen Umständen entsprechend in Betracht gezogen. Ausschlaggebend für die abschließende Bewertung waren Relevanz und Qualität des Beweismaterials, so dass sich alle Kommissionsmitglieder ein sicheres Urteil bilden konnten.

25.   Die Kommission prüfte zu allererst den faktischen Hintergrundszusammenhang. Zu ihren Untersuchungsergebnissen gelangte sie anhand der weiter unten beschriebenen Fakten. Auf Grund der festgestellten Tatsachen entschied die Kommission über die auf den vorliegenden Fall anwendbaren Grundsätze des internationalen Rechts, einschließlich des humanitären Völkerrechts und der Menschenrechte.

II HINTERGRUND

A   Der Zusammenhang

1. Die Blockade des Gaza-Streifens

Bereits bestehende maritime Zugangsbeschränkungen

26.   Im Juni 1967 besetzte Israel den gesamten Gaza- Streifen. Als Teil des
Friedensprozesses zog sich Israel im Mai 1994 aus einem Teil Gazas
zurück.

Eine Reihe von Friedensvereinbarungen, die in der Zeit von 1993
bis 1995 mit internationaler Unterstützung zwischen Israel und der
Palästinensischen Befreiungsorganisation (PLO) zustande kamen,
sollten den Rückzug Israels aus dem Westjordanland und Gaza während einer fünfjährigen Übergangszeit regeln und schließlich zum
Abschluss einer dauerhaften Vereinbarung zur Errichtung eines unabhängigen palästinensischen Staates neben Israel führen. Diese Vereinbarungen, die gemeinhin mit dem Sammelbegriff Oslo-Verträge
bezeichnet werden, waren die Grundlage für die Schaffung der Palästinensischen Autonomiebehörde und des Legislativrats. Außerdem
enthielten die Verträge vorläufige Absprachen über eine Sicherheitszusammenarbeit zwischen israelischer und palästinensischer Polizei
einschließlich der Überwachung der Grenzen, der Küsten und des
Luftraums.

27.   Im Rahmen der Oslo-Verträge wurde vereinbart, dass die Territorialgewässer vor der Küste von Gaza der Gebietshoheit der Palästinensischen Autonomiebehörde (PA) unterstehen sollten.[26]

---

[26]   Art. 5 § 1(a) Gaza-Jericho Vereinbarung

Die äußere Sicherheit des Gaza-Streifens wurde jedoch ausdrücklich von der Zuständigkeit der PA ausgenommen.[27] Israel behielt sich die Verantwortung für die äußere Sicherheit bis zum Abschluss eines endgültigen Friedensabkommens vor.[28] Artikel 8 des Gaza-Jericho-Abkommens legt ausdrücklich fest: „Israel trägt weiterhin die Verantwortung für die Verteidigung gegen äußere Bedrohungen vom Land und vom Meer … und ist zu allen Schritten ermächtigt, die notwendig sind, um dieser Verantwortung nachzukommen."

Durch die Vereinbarungen für Sicherheit und Koordinierung wurden drei maritime Zonen geschaffen: eine mittlere Zone mit einer seewärtigen Ausdehnung von 20 Seemeilen, eingefasst im Süden an der Grenze zu Ägypten und im Norden grenzend an Israel von zwei Streifen von je einer Meile Breite. Die beiden schmalen Streifen verblieben als geschlossenes Militärgebiet unter israelischer Kontrolle. Die mittlere Zone, unter gemeinsamer palästinensisch-israelischer Kontrolle, sollte für den Fischfang bis zur 20 Meilen-Grenze offenstehen, für Freizeitboote nur bis zu drei Seemeilen.

Ausländische Schiffe durften sich in der mittleren Zone der Küste nur auf 20 Seemeilen nähern, solange noch keine Vereinbarung über den Bau eines Hafens für Gaza getroffen war. Zwar wurde nach dem Abbruch der bilateralen Friedensgespräche im Jahre 2002 auch die Sicherheitszusammenarbeit zwischen Israelis und Palästinensern im Westjordanland und in Gaza eingestellt, wichtige Teile der Oslo-Verträge bleiben jedoch in Kraft, einschließlich der Bestimmungen über die Territorialgewässer von Gaza.

28. Im Auf und Ab der Friedensverhandlungen in den 1990er Jahren verfügte das israelische Militär wiederholt „Abriegelungen" der palästinensischen Gebiete, meistens als Reaktion auf Selbstmordattentate in Israel. Diese Absperrungen konnten Wochen oder Monate dauern. In der Zeit vor den ersten Friedensvereinbarungen fuhren etwa 20.000 Gaza-Bewohner täglich zur Arbeit nach Israel und kehrten abends zurück. Die Grenzschließungen wirkten sich besonders auf die vielen Familien aus, die von den Arbeitslöhnen dieser Arbeiter abhängig waren.

---

27   Art. 5 § 1(b) Gaza-Jericho-Vereinbarung
28   Art. 5 § 3 Gaza-Jericho-Vereinbarung

29.   Seit Beginn der zweiten Intifada im Jahre 2000 wurde der Zugang zum Meer für die Fischer von Gaza immer weiter eingeschränkt. Wie OCHA berichtet, lässt sich die bisher letzte Ausdehnung der maritimen Sperrzone auf Ende 2008 datieren, auf den Vorabend der Offensive „Gegossenes Blei".[29] Die Sperrzone beginnt größtenteils bereits drei Seemeilen vor der Küste. Insgesamt, stellt OCHA fest, ist den Palästinensern der Zugang zu 85 % der Seegebiete versperrt, in denen ihnen maritime Tätigkeiten zustehen. Palästinensische Fischer, die sich in die verbotenen Gebiete begeben, erhalten regelmäßig Warnschüsse von israelischen Marineeinheiten. Fallweise werden sie gezielt beschossen. Ihre Boote werden häufig vom israelischen Militär aufgebracht und konfisziert.

30.   In der Folge des Hamas-Sieges bei den Parlamentswahlen im Februar 2006 wurden wirtschaftliche und politische Maßnahmen gegen Gaza ergriffen. Gleichzeitig hielten Geberländer ihre finanziellen Zuwendungen zurück. Die Absperrung Gazas wurde von Israel verfügt, nachdem die Hamas im Juni 2007 dort die Kontrolle übernommen hatte. Im September 2007 erklärte Israel den Gaza-Streifen zu „feindlichem Gebiet": die Ein- und Ausfuhr von Gütern sollte aus Sicherheitsgründen beschränkt und Druck auf die Hamas-Regierung ausgeübt werden. Das alles sei „Teil des Vorgehens des Staates Israel gegen fortgesetzten Terrorismus".[30] Im Oktober 2007 wurde die Einfuhr von Treibstoffen weiter gedrosselt.

---

[29]   *'Between the Fence and a Hard Place'*, OCHA Occupied Palestine Bericht, August 2010

[30]   „Hamas ist eine terroristische Organisation, die die Kontrolle über den Gaza-Streifen an sich gebracht und das Gebiet zu einem feindliches Territorium gemacht hat. Diese Organisation unternimmt feindselige Aktionen gegen den Staat Israel und seine Bürger und trägt die Verantwortung dafür. Aus diesem Grunde wurden die von den Sicherheitsbehörden vorgelegten Empfehlungen angenommen, einschließlich der Fortsetzung der militärischen Operationen und der Terrorismusbekämpfung. Gegen das Hamas-Regime werden zusätzliche Sanktionen verhängt, um die Einfuhren in den Gaza-Streifen einzuschränken und die Versorgung mit Kraftstoffen und Elektrizität zu verringern. Ein- und Ausreise von Personen werden eingeschränkt. Die Sanktionen werden nach einer rechtlichen Prüfung vollzogen. Die humanitären Aspekte und die Absicht, eine humanitäre Krise zu vermeiden, werden berücksichtigt."

31.   In einem Antrag an den Obersten Gerichtshof Israels[31] wurde der Beschluss der israelischen Regierung angefochten, die Lieferungen von Strom und Kraftstoffen zu kürzen. Solche Kürzungen seien unvereinbar mit den Verpflichtungen Israels aus der Vierten Genfer Konvention zum Schutz der Zivilbevölkerung. In ihrer Erwiderung behauptete die Staatsanwaltschaft u.a., dass die Schädigung der Wirtschaft ein legitimes Mittel der Kriegführung und eine zulässige Maßnahme sei, auch wenn es dabei um die Zulassung von Hilfstransporten gehe.[32]

32.   Seit der Jahresmitte 2008 beantwortete die israelische Regierung die Versuche der „Free Gaza"-Bewegung, über See nach Gaza zu gelangen, mit einer Reihe von Maßnahmen, die anfangs darauf abzielten, Schiffe von der Fahrt in die Region abzuhalten. Es erfolgte eine Bekanntmachung an Seeleute,[33] dass alle Schiffe, die in die zentrale Küstenzone von Gaza einführen, „überwacht und durchsucht" würden. Im August 2008 wurde in einer zweiten Bekanntmachung an Seeleute verfügt, dass entsprechend den Vereinbarungen zwischen Israel und der PA ausländischen Schiffen der Eintritt in eine Zone von 20 Seemeilen vor der Küste von Gaza untersagt ist.[34]

Verhängung der Seeblockade

33.   In seiner Aussage vor der Turkel-Kommission räumte der Chef des Generalstabs, Gabi Ashkenazi, ein, dass das „Flottillenphänomen" im Sommer 2008 die Anordnung der Seesperre ausgelöst habe, obwohl er erklärte, dies sei aus Sicherheitsgründen geschehen.[35] Militärge-

---

        http://www.mfa.gov.il/MFA/Government/Communiques/2007/Security+C abinet+declares+Gaza+hostile+territory+19-Sep-2007.htm

[31]   Oberster Gerichtshof Israels, Fall HCJ 9132/07 – Al Bassiouni gegen. Prime Minister.

[32]   Abschnitt 4 der Vorlage des Staats an den Obersten Gerichtshof Israels im Fall HCJ 9132/07 – Al Bassiouni gegen. Prime Minister.
        http://www.gisha.org/UserFiles/File/turkel%2026-8-2010-3.pdf

[33]   Israelische Bekanntmachung an Seeleute 6/2008

[34]   Aussage des Generalstabschefs der israelischen Streitkräfte, Gabi Ashkenazi, gegenüber der Turkel-Kommission: Amtliche Kommission zur Prüfung des Seezwischenfalls vom 31. Mai 2010. Sitzung 4, 11. August 2010, Seite 13

[35]   Aussage des Militärgeneralstaatsanwalts Avichai Mandelblit gegenüber der Tur-

neralstaatsanwalt Avichai Mandelblit stellte ebenfalls fest, dass nur Sicherheitsgründe eine Seeblockade rechtfertigen könnten. Pläne für eine vollständige Seeblockade hätten jedoch zunächst auf politischer Ebene „aus Legitimitätsgründen" keine Zustimmung gefunden. Ein weiterer Grund war, wie Mandelblit erklärte, die Möglichkeit „herber Kritik" von internationaler Seite.[36]

34. Kurz vor Beginn der Operation „Gegossenes Blei" im Dezember 2008 empfahl der Militärgeneralstaatsanwalt dem Verteidigungsminister, eine Schiffssperre zu verfügen. Dieser ordnete daraufhin die Seeblockade bis auf weiteres an.[37] Sie wurde am 3. Januar 2009 erlassen und von der israelischen Marine am 6. Januar bekanntgegeben. In der Bekanntmachung heißt es, dass das „Seegebiet von Gaza für jeden Verkehr gesperrt ist und sich bis auf weiteres unter einer von der israelischen Marine verfügten Blockade befindet".[38] Diese Bekanntmachung wurde unter anderem durch eine „Notice to Mariners (NTML)" und andere Mittel verbreitet. Sie wurde außerdem zweimal täglich über das NAVTEX-System gesendet und in aktualisierter Form direkt ausgedruckt.[39] Militärgeneralstaatsanwalt Mandelblit erklärte, diese Blockade sei vom Justizminister gebilligt worden, ohne eine rechtliche Stellungnahme von Seiten des Militärs einzuholen.[40]

---

kel-Kommission: Amtliche Kommission zur Prüfung des Seezwischenfalls vom 31. Mai 2010. Sitzung 4, 26. August 2010, Seite 41

[36] Aussage des Generalstabschefs der israelischen Streitkräfte, Gabi Ashkenazi, gegenüber der Turkel-Kommission: Amtliche Kommission zur Prüfung des Seezwischenfalls vom 31. Mai 2010. Sitzung 4, 11. August 2010, Seiten 18 f.

[37] Bekanntmachung für Seeleute No. 1/2009 Blockade des Gaza-Streifens. Siehe die Website des israelischen Ministeriums für Transport und Straßensicherheit: http://info.mot.gov.il/EN/index.php?option=com_content&view=article&id =124:no12009&catid=17: noticetomariners&Itemid=12 noticetomariners&Itemid=12

[38] Bekanntmachungen für Seeleute betreffend wichtige Angelegenheiten für die Sicherheit der Schiffahrt einschließlich hydrographischer Informationen, Änderungen bei Seefahrtsstraßen, Navigationshilfen und anderer bedeutender Daten.

[39] Aussage von Generalstabschefs Gabi Ashkenazi gegenüber der Turkel-Kommission: Amtliche Kommission zur Prüfung des Seezwischenfalls vom 31. Mai 2010. Sitzung 4, 11. August 2010, Seiten 18 f.

[40] ebenda, S. 43

35.   Hohe israelische Regierungsbeamte nannten als Rechtsgrundlage für die Blockade: 1. das San Remo Handbuch, 2. die Londoner Erklärung und 3. das Gewohnheitsrecht[41] und schließlich das Weiterbestehen eines bewaffneten Konflikts zwischen Hamas und Israel auch nach der Operation „Gegossenes Blei".[42]

36.   Am 28. Mai 2010 unterzeichnete der Oberkommandierende der israelischen Marine einen Befehl zur militärischen Absperrung.[43] Danach war es jedermann verboten, ein besonderes als „Area A" gekennzeichnetes „Sperrgebiet" zu betreten. Gleichzeitig wurden sämtliche Schiffe und Personen angewiesen, ein „Gefahrengebiet" mit der Bezeichnung „Area B"[44] zu meiden. Nach Aussagen, die der Kommission vorliegen, wurde diese Blockade aber nicht amtlich veröffentlicht. Sie wurde lediglich aus einem Verfahren bekannt, in dem es um die Haftverlängerung gegen vier palästinensische Staatsbürger Israels ging. Der Antrag auf Haftverlängerung für die vier Angeklagten wurde mit dem Argument begründet, dass die oben erwähnte Blockade verletzt worden sei.

2. Die humanitäre Lage im Gaza-Streifen

37.   Die humanitäre Lage in Gaza aufgrund der dem Gaza-Streifen seit Juni 2007 auferlegten Blockade hat die internationale Gemeinschaft und den Sicherheitsrat in zunehmendem Ausmaß beunruhigt. Nach der Aufbringung der Hilfsflotte hat der Sicherheitsrat die Lage als „unhaltbar" bezeichnet, die vollständige Umsetzung der Resolutionen 1850 (2008) und 1860 (2009) verlangt, in denen er u.a. „große Besorgnis [...] über die sich verschlechternde humanitäre Lage in Gaza" äußert und die Notwendigkeit betont, „die Grenzübergänge des Gaza-Streifens für einen regelmäßigen und dauerhaften Personen- und Warenverkehr zu öffnen", sowie die Forderung, „un-

---

[41]   ebenda., S. 43

[42]   ebenda, S. 44–45

[43]   Anordnung der Schließung und Ankündigung einer See-Gefahrenzone 06 (10, 2010) Verordnungen über die Verteidigung (Notfall) von 1945.

[44]   Auszug aus der Vernehmung über die Verhaftung von vier palästinensisch-arabischen Staatsbürgern Israels vor dem Magistratsgericht in Ashkelon am 1. Juni 2010 (nichtamtliche Übersetzung).

gehinderte Versorgung mit und Verteilung von humanitärer Hilfe im gesamten Gaza-Streifen zu sichern, einschließlich Lebensmitteln, Brennstoffen und medizinischer Versorgung". In der *Erklärung des Präsidenten* wiederholte der Sicherheitsrat „seine tiefe Besorgnis über die humanitäre Lage in Gaza" und betonte „die Notwendigkeit eines dauerhaften und regelmäßigen Waren- und Personenverkehrs nach Gaza sowie der ungehinderten Versorgung mit und Verteilung von humanitärer Hilfe in ganz Gaza".[45] Der Botschafter der Vereinigten Staaten am Sitz der Vereinten Nationen in Genf sagte außerdem: „Wir glauben weiterhin, dass die Lage in Gaza unhaltbar ist und keineswegs im Interesse der Betroffenen."[46]

38.   In einem gemeinschaftlichen Kommuniqué der Vereinten Nationen vom 31. Mai betonten der Sonderbeauftragte der Vereinten Nationen für den Friedensprozess im Nahen Osten, Robert Serry, und der Generalkommissar der *UNRWA,* Filippo Grandi, dass es zu „derartigen Tragödien gar nicht kommen würde, wenn sich Israel an die wiederholten Aufrufe der internationalen Gemeinschaft halten würde, seine inakzeptable und kontraproduktive Blockade von Gaza zu beenden". In einer Verlautbarung vom 14. Juni 2010 beschrieb das *ICRC* die Auswirkungen der Abriegelung auf die Lage in Gaza als „verheerend" für die dortige Bevölkerung von 1,5 Millionen und stellte ausdrücklich fest, „die Abriegelung stellt eine Kollektivstrafe dar, in offensichtlicher Missachtung der Israel durch das humanitäre Völkerrecht auferlegten Verpflichtungen"; die einzige dauerhafte Lösung sei die Aufhebung der Abriegelung.

39.   In ähnlichen Worten drückte der Menschenrechtsausschuss in seinen *Abschließenden Bemerkungen* (*Concluding Observations*) am 3. September 2010 seine Besorgnis aus „über die Auswirkungen der Blockade auf die Zivilbevölkerung des Gaza-Streifens, darunter Einschrän-

---

[45]   S/PRST/2010/9. In der Resolution 1860 vom 8. Januar 2009 des Sicherheitsrates drückte der Rat „große Besorgnis …über die sich zuspitzende humanitäre Lage in Gaza" aus und betonte die „Notwendigkeit, einen dauerhaften und regelmäßigen Personen- und Warenverkehr über die Grenzübergänge in Gaza zu gewährleisten". Er forderte „die ungehinderte Lieferung und Verteilung humanitärer Hilfe in ganz Gaza, Lebensmittel, Brennstoffe und medizinische Behandlung eingeschlossen".

[46]   Aussage des amerikanischen Botschafters vor dem Menschenrechtsrat am 1. Juni 2010

kung der Bewegungsfreiheit, die in einigen Fällen zum Tod von Patienten führte, die dringend medizinische Versorgung benötigten, sowie eingeschränkter Zugang zu ausreichenden Mengen an Trinkwasser und angemessene Abwasserbeseitigung". Er empfahl Israel, die militärische Blockade von Gaza, soweit sie negative Auswirkungen auf die Zivilbevölkerung hat, aufzuheben.[47]

40. Gemäß Informationen, die der Kommission seitens *OCHA* zukamen, hat die Blockade die bereits bestehende schwierige Lage der Bevölkerung in Gaza, ihren Lebensunterhalt zu sichern, dramatisch verschlechtert; außerdem haben die immer dürftiger werdenden öffentlichen Dienste, dazu weit verbreitete Armut, unsichere Lebensmittelversorgung, über 40% Arbeitslosigkeit und 80 prozentige Abhängigkeit von Hilfsorganisationen (etwa 80% der Bevölkerung erhält z.B. humanitäre Unterstützung, meistens in Form von Lebensmittelrationen) haben die humanitäre Krise zunehmend zugespitzt. Ein menschenwürdiges Leben ist kaum möglich, das tägliche Leben ist auf den Kampf um die Erfüllung der grundlegendsten Bedürfnisse reduziert.

41. „Extreme Armut" unter Flüchtlingen hat sich seit Beginn der Blockade verdreifacht, von 100.000 Betroffenen auf 300.000 Betroffene, und in 61% der Haushalte ist die Versorgung mit Lebensmitteln nicht gesichert. Die Zusammensetzung der Ernährung hat sich geändert (von proteinreicher zu kostengünstigerer und kohlehydratreicher Kost), was zu Besorgnis über drohenden Mineralstoff- und Vitaminmangel Anlass gibt. Außerdem arbeitet das Elektrizitätswerk aufgrund der fortgesetzten Energiekrise in Gaza nur mit 30% seiner Kapazität, was eine planmäßige Stromsperre von 8 bis 12 Stunden täglich zur Folge hat, so dass die Haushalte ihre Lebensmittel nur zeitweise kühlen können. Dienstleistungseinrichtungen und Versorgungsbetriebe sind auf Generatoren und Geräte für unterbrechungsfreie Stromversorgung angewiesen, die aufgrund unregelmäßigen Nachschubs von Ersatzteilen sehr anfällig geworden sind.

42. Wasserversorgung und Abwasserklärung haben sich verschlechtert; aufgrund von Undichtigkeiten beträgt der Wasserverlust 40%. Täg-

---

[47]   CCPR/C/ISR/CO/§, Par. 8

lich fließen 80 Millionen Liter ungeklärten oder nur teilweise geklärten Abwassers in die Umwelt. Die Gesundheit wird zunehmend durch verseuchtes Meerwasser gefährdet, und in Folge von in das Grundwasser einsickernden Abwässern gelten nur 5% bis 10% des entnommenen Wassers als unbedenkliches Trinkwasser. Es ist nicht mehr möglich, medizinische Geräte zu beschaffen und sachgerecht instand zu halten; das ist neben anderen Schwierigkeiten ein ernstes Problem für das Gesundheitswesen, während die Überweisung von Patienten an Einrichtungen außerhalb Gazas mit einem langen und mühsamen Genehmigungsprozess verbunden ist und das medizinische Personal keine Möglichkeit zur Fortbildung erhält.

43.   Am 20. Juni 2010 beschloss das Sicherheitskabinett der israelischen Regierung mehrere Schritte zur Umsetzung einer neuen Politik gegenüber dem Gaza-Streifen, die darauf abzielte, keine Waffen und Kriegsmaterial nach Gaza zu lassen, während die Einfuhrbestimmungen für zivile Güter gelockert wurden.[48] Im Juli begrüßten die Vereinten Nationen und internationale Hilfsorganisationen vorsichtig diese teilweise Lockerung von Einfuhrbeschränkungen der Blockade, betonten aber ausdrücklich, nur eine vollständige Aufhebung der Blockade könne die humanitäre Krise abwenden, und wiesen insbesondere daraufhin, dies würde auch wieder Exporte aus Gaza ermöglichen und so die von der Blockade zerstörte Wirtschaft wieder aufbauen.[49]

44.   Ende August stellte der *OCHA*-Bericht fest, dass ungeachtet der seit einigen Wochen spürbaren teilweisen Aufhebung der Einfuhrbeschränkungen und der wachsenden Einfuhren weiterhin der Import von Baumaterialien beschränkt sei, ebenso der Export an sich, so dass Fortschritte im Wiederaufbau und der Entwicklung der Wirtschaft massiv behindert werden. Es wurde festgestellt, dass die Anzahl der Lkw-Ladungen nach Gaza in der Woche vom 18. bis zum 24. August nur 37% der durchschnittlichen Menge von Lkw-Ladungen in den ersten 5 Monaten des Jahres 2007 betrug, bevor die Blockade in Kraft trat. In demselben Bericht weist *OCHA* auch wieder expli

---

[48]   http://www.mfa.gov.il/MFA/HumanitarianAid/Palestinians/Briefing-Israel_
new_policy_towards_Gaza_5-Jul_2010.htm, dort werden spezielle Elemente
der neuen Politik umrissen.

[49]   http://www.irinnewa.org/Report.aspx?ReportId=89762

zit auf den fortgesetzten Mangel an Brennstoffen und die Energie-krise im Gaza-Streifen hin.[50] Die negativen, mitunter lebensbedroh-lichen Auswirkungen der Stromausfälle, beispielsweise für Menschen, die auf regelmäßige Therapie angewiesen sind wie Dialyse-Patien-ten, wurde auch vom *ICRC* in einer Presseerklärung vom 7. Sep-tember besonders hervorgehoben.

3. Informationen über bewaffnete Auseinandersetzungen der jüngsten Vergangenheit

45. Nach *OCHA* wurden 2010 im Gaza-Streifen und in Südisrael 41 Palästinenser (darunter 14 Zivilisten), 3 israelische Soldaten und ein Ausländer bei palästinensisch-israelischen Auseinandersetzungen ge-tötet; weitere 178 Palästinenser (darunter 154 Zivilisten) und 8 is-raelische Soldaten wurden verletzt.[51] Nach Angaben der israelischen Armee wurden in der Zeit vom 1. Januar 2010 bis zum 31. Juli 2010 insgesamt 120 Raketen vom Gaza-Streifen aus auf israelisches Ge-biet abgeschossen.[52] In dieser Zahl sind fehlgeschlagene Versuche oder direkter Beschuss auf israelische Streitkräfte nicht enthalten.

B. Anwendbares / Geltendes Recht

46. Zu Beginn ist festzustellen, dass ein Staat für das Verhalten von Per-sonen haftet, die in seinen Diensten stehen, seine Streitkräfte ein-geschlossen, wenn diese in seinem offiziellen Auftrag handeln oder es den Anschein hat, dass sie in seinem Auftrag handeln, und dabei Mittel gebrauchen, die ihnen der Staat zur Verfügung stellt, selbst in dem Fall, dass sie ihre Befugnisse überschreiten oder Anordnungen

---

[50] Schutz von Zivilpersonen: 18. – 24. August 2010, United Nations OCHA oPt, S. 4..

[51] Schutz von Zivilpersonen: 18. – 24. August 2010, United Nations OCHA oPt, S.3..

[52] http://dover.idf.il/IDF/English/News/today/10/08/1203.htm

zuwiderhandeln.[53] Im Verlauf von Durchsetzungsmaßnahmen, die ein Staat durchführen lässt, gelten zu allen Zeiten bestimmte, fundamentale Mindestverpflichtungen, ob sich die Maßnahmen nach den Regeln des *LOAC* (Law of Armed Conflict – Kriegsrecht) richten oder nach den Bestimmungen des humanitären Völkerrechts. Der Umfang dieser Verpflichtungen ist unabhängig von der Rechtmäßigkeit oder von sonstigen Umständen des Anspruchs eines Staates, über Personen oder Eigentum Verfügungsgewalt auszuüben.

47. Handeln in offiziellem Auftrag enthebt einen Staatsdiener nicht seiner persönlichen strafrechtlichen Verantwortung. Möglicherweise ergeben sich aus ein und derselben Tat sowohl persönliche strafrechtliche Verantwortung wie Staatshaftung. Die Tatsache, dass der Staat international haftbar ist, bedeutet nicht, dass Individuen in diesem Fall nicht persönlich strafrechtlich verantwortlich sind.

1. Seekriegsrecht und das Problem von Blockaden

48. Im Hinblick auf die Fragen, die bei dem der Kommission übertragenen Mandat auftauchten, die auch Fragen des Seekriegsrechts und die von Israel ausgeübte Seeblockade betreffen, betrachtet die Kommission diesen Sachverhalt wie folgt.

49. Gemäß geltendem Völkerrecht unterliegt ein Schiff auf Hoher See, abgesehen von Ausnahmefällen, der ausschließlichen Jurisdiktion des Staates, unter dessen Flagge es fährt. Nach internationalem Seerecht beziehen sich solche Ausnahmefälle auf Verdachtsfälle bestimmter Aktivitäten (Piraterie, Menschenhandel, illegaler Sendebetrieb auf Hoher See), auf Schiffe, die verdächtigt sind, keine erkennbare Staatsangehörigkeit zu haben (z.B. staatenlose Schiffe), und auf Fälle, in denen die Genehmigung, an Bord zu gehen und zu inspizieren, sich entweder durch ad-hoc-Gegebenheiten ergibt oder vertraglich

---

[53]   Article 7, International Law Commission Articles on Responsibility of States for Internationally Wrongful Acts, [2001] Vol.II(2) Yearbook of the International Law Commission, p.45. Ebenso
Caire (1929) 5 Reports of International Arbitral Awards 516; Mallén (1925) Reports of International Arbitral Awards 173.

geregelt ist (z.B. im Zusammenhang mit Rauschgiftschmuggel).[54] Weitere Ausnahmen wären nach Artikel 51 der Charta der Vereinten Nationen Akte der Selbstverteidigung gegen Schiffe, die für den sich Zutritt an Bord verschaffenden Staat eine unmittelbare, erhebliche Bedrohung bedeuten sowie rechtmäßige Aktionen gemäß Seekriegsrecht.

50. Es herrscht die Auffassung, dass die *Seekonvention der Vereinten Nationen, UNCLOS (United Nations Law of the Sea Convention)*, die eine ausschließlich friedliche Nutzung der Hohen See vorsieht,[55] kriegerische Handlungen auf Hoher See wirksam für rechtswidrig erklärt hat. Allerdings ist hier anzumerken, dass sich Israel der Konvention nicht angeschlossen hat; außerdem herrschte während der Verhandlungen über die Konvention keine Einstimmigkeit hinsichtlich dieser Auffassung, und die großen Seemächte jener Zeit akzeptierten sie sicherlich nicht. Zweifellos finden sich in den Militärhandbüchern vieler Staaten (sowohl Vertragsstaaten der Konvention wie Nicht-Vertragsstaaten) weiterhin Vorschriften und Bestimmungen über Seekriegsrecht und Seeblockade.[56] Überdies stellte ein Bericht des Generalsekretärs der Vereinten Nationen fest, dass diese Bestimmungen der *UNCLOS* sich nicht auf Handlungen beziehen, die entweder unter das Recht auf Selbstverteidigung nach Artikel 51 der Charta der Vereinten Nationen (*jus ad bellum* – das Recht zum Krieg) oder auf Handlungen, die durch das *LOAC* gedeckt sind, nachdem der bewaffnete Konflikt durch Feindseligkeiten begonnen

---

[54] Vgl. insbesondere, United Nations Law of the Sea Convention 1982, United Nations, Treaty Series, vol. 1833, No. 31363, article 110(1), Convention on the High Seas 1958, United nations, Treaty Series, vol 450, No. 6465, article 22.

[55] United Nations, Treaty Series, vol. 1833, No. 31363, articles 88, 141 and 301.

[56] UK Ministry of Defence, *The Manual of the Law of Armed Conflict* (Oxford University Press, 2004) (im weiteren, UK Manual); Dieter Fleck (ed), *Handbook of International Humanitarian Law*, 2nd edition (Oxford University Press, 2008), es handelt sich um eine kommentierte Übersetzung des deutschen Militärhandbuchs (im weiteren, German Manual); *The Law of Armed Conflict at the Operational and Tactical Levels* (2004), auf der Webseite des Büros des *Canadian Judge Advocate General*, http://www.forces.gc.ca/jag/publications/Training-formation/ LOAC-DDCA_2004-eng.pdf (im weiteren Canadian Manual), *Commander's Handbook of the Law of Naval Operations* (US, 2007) auf http://usnwc.edu/get attachment/a9b8e92d-2c8d-4779-9925-0defea93325c/1-14M_(Jul_2007)_(N WP) (im weiteren US Manual).

hat (*jus in bello* – Kriegsrecht).[57] Die Rechtsgelehrten sind mehrheitlich der Auffassung, dass das Seekriegsrecht potenziell auch weiterhin auf Hoher See gilt. Ein Versuch, dieses Recht zu kodifizieren, stellt die Studie unabhängiger Experten dar, das *San Remo Handbuch über das bei bewaffneten Konflikten auf See geltende internationale Recht (San Remo Manual on International Law Applicable to Armed Conflicts on Sea – SRM).*[58] Obwohl kein offizielles Recht, hat dieser Kodifizierungsversuch dennoch die Formulierungen in militärischen Handbüchern erheblich beeinflusst, und Israel hat sich bisher ausdrücklich darauf berufen.

Blockade

51. Nach dem Kriegsrecht ist eine Blockade die komplette Unterbindung jeglichen Handels entlang der Küste des erklärten Feindes. Eine Kriegspartei, die eine rechtmäßige Blockade auferlegt, hat das Recht, diese Blockade auch auf Hoher See durchzusetzen.[59] Eine Blockade muss mehreren rechtlichen Erfordernissen genügen, dazu gehören: Bekanntmachung, wirksame und unparteiische Durchsetzung und Verhältnismäßigkeit.[60] Eine Blockade ist rechtswidrig, insbesondere

a) wenn sie den alleinigen Zweck hat, eine Zivilbevölkerung auszuhungern oder ihr andere, aber überlebenswichtige Mittel zu versagen, oder

b) wenn die Beeinträchtigungen der Zivilbevölkerung in der Tat im Verhältnis zu dem von der Blockade zu erwartenden konkreten direkten militärischen Nutzen unangemessen hoch sind oder dies zumindest zu befürchten ist.[61]

---

57   Bericht des Generalsekretärs „*Study on the Naval Arms Race*", United Nations Doc. A/40/535 (1985), Par. 188.

58   wie wiedergegeben in Louise Doswald-Beck et al (eds), *San Remo Manual on International Law Applicable to Armed Conflicts at Sea* (Cambridge University Press, 1995). Auch auf http://www.icrc.org/ihl.nsf/FULL/560?OpenDocument.

59   San Remo Manual, Par. 10(b).

60   San Remo Manual, Par. 93–95, 100.

61   San Remo Manual, Par. 102.

52. Eine Blockade darf nicht weiter durchgesetzt werden, wenn sie der Zivilbevölkerung einen unverhältnismäßigen Schaden zufügt. „Schaden für die Zivilbevölkerung" bedeutet im Kriegsrecht üblicherweise Tod, Verletzung oder Schaden an Eigentum. In diesem gegebenen Zusammenhang kann man als Schaden die Zerstörung der zivilen Wirtschaft und die Behinderung des Wiederaufbaus nach Zerstörungen in der Vergangenheit auffassen. Es wäre auch anzumerken, insofern viele Menschen in Gaza nicht genügend zu essen bzw. nicht genügend Geld für Lebensmittel haben, dass die übliche Bedeutung des Terminus „Aushungern" unter dem Kriegsrecht einfach „Hunger verursachen" bedeutet.[62]

53. Nach Auswertung der der Kommission vorgelegten Beweise, einschließlich der von *OCHA,* die die ernste humanitäre Lage in Gaza bestätigen, sowie die Zerstörung der dortigen Wirtschaft und die Verhinderung des Wiederaufbaus (wie zuvor schon ausführlich beschrieben), stellt die Kommission fest, dass die Blockade der Zivilbevölkerung im Gaza-Streifen unverhältnismäßig großen Schaden zufügt und dass auf Grund dessen das Abfangen und Aufbringen der Flotte nicht gerechtfertigt war und somit als rechtswidrig gelten muss.

54. Des weiteren betont die Kommission, dass gemäß Artikel 33 des 4. Genfer Abkommens die Kollektivbestrafung einer Zivilbevölkerung unter Besatzung verboten ist. „Keine geschützte Person darf für ein Vergehen, das sie nicht persönlich begangen hat, bestraft werden. Kollektivstrafen und ebenso alle Maßnahmen der Einschüchterung oder des Terrorismus sind verboten." Die Kommission ist der Auffassung, dass eines der Hauptmotive hinter der Verhängung der Blockade der Wunsch war, die Bevölkerung des Gaza-Streifens dafür zu bestrafen, dass sie Hamas gewählt hat. Dieses Motiv und zudem die Auswirkungen der Beschränkungen auf den Gaza-Streifen lassen

---

[62] C. Pilloud and J. Pictet, *Commentary on the additional protocols of 6 8 June 1977 to the Geneva Conventions of 12 August 1949* (International Committee of the Red Cross, 1987), S. 53, Par. 2089.
Vgl. auch Definitionen im Oxford English Dictionary "to deprive of or keep scantily supplied with food" (vorenthalten oder nur unzureichend mit Lebensmittel versorgen) or „to subdue by famine or low diet" (durch Hunger oder karge Kost schwächen).

keinen Zweifel daran, dass Israels Handlungen und Politik den Tatbestand der Kollektivbestrafung, wie im Völkerrecht definiert, erfüllen. In diesem Zusammenhang unterstützt die Kommission den Befund des *Sonderberichterstatters der Vereinten Nationen über die Lage der Menschenrechte in den seit 1967 besetzten palästinensischen Gebieten*, Richard Falk,[63] sowie den Bericht der *Untersuchungskommission der Vereinten Nationen über den Gaza-Konflikt*[64] (so genannter Goldstone-Bericht) und den jüngsten Bericht des *ICRC*[65], dass die Blockade eine Kollektivbestrafung darstellt, in Verletzung der humanitären völkerrechtlichen Verpflichtungen Israels.

55. Es gibt die Auffassung, eine Krieg führende Partei in einem bewaffneten Konflikt habe das Recht, auf Hoher See an Bord neutraler Schiffe zu kommen, um sie zu inspizieren und den Bestimmungshafen zu verifizieren, unabhängig von einer erklärten Blockade. Diese Frage ist jedoch nicht unumstritten: das San Remo Handbuch und zahlreiche militärische Handbücher vertreten die Auffassung, dieses Recht dürfe nur im Falle des berechtigten Verdachts ausgeübt werden, das fragliche Schiff sei in Aktivitäten verwickelt, die den Feind unterstützen.[66] Die Kommission ist der Ansicht, das Recht, in das Recht auf freie Schifffahrt dritter Staaten einzugreifen, dürfe nicht leichtfertig in Anspruch genommen werden.

56. Wenn keine rechtmäßige Blockade vorliegt, wäre demzufolge die einzige rechtmäßige Basis für das Abfangen und Aufbringen eines Schiffes ein begründeter Verdacht:

- dass das Schiff die Kriegsbemühungen der gegnerischen Streitkräfte wirksam unterstützt, indem es z.B. Waffen transportiert oder auf andere Art und Weise in die gegnerischen Kriegsbe-

---

[63] A/HRC/13/53, Par. 34.

[64] Die Kommission ist der Auffassung, die Blockade „stellt eine von der israelischen Regierung absichtlich verhängte Kollektivbestrafung der Bevölkerung in Gaza dar"; A/HRC/12/48, Par. 1878.

[65] In einer Verlautbarung vom 14. Juni 2010 des ICRC heißt es, „die Bevölkerung Gazas wird in ihrer Gesamtheit für Taten bestraft, für die sie nicht verantwortlich ist. Die Abriegelung stellt eine Kollektivstrafe seitens Israels dar, in Verstoß gegen dessen völkerrechtliche Verpflichtungen".

[66] San Remo Manual, Par. 118, 67; UK Manual, Par. 13.91.

mühungen verwickelt ist (Recht, Schiffe gewaltsam aufzubringen/Prisenrecht),[67] oder

- dass das Schiff eine unmittelbare erhebliche Bedrohung für Israel darstellt und es keine andere Möglichkeit der Abwendung als Gewaltanwendung gab (Selbstverteidigung nach Artikel 51 der Charta der Vereinten Nationen).

In Anbetracht der vorliegenden Informationen stellt die Kommission fest, dass das Aufbringen der Flotte und die Planung im Vorfeld dazu seitens Israels nicht allein durch Bedenken über den Beitrag der Schiffe an Kriegsbemühungen bestimmt waren. Beweis hierfür ist die Zeugenaussage des israelischen Generalstabschefs, Gabi Ashkenazi, er glaube nicht, dass die *Stiftung für Menschenrechte und Freiheiten und Humanitäre Hilfe IHH*, eine der Mitorganisationen der Hilfsflotte, „eine terroristische Organisation" sei.[68] Premierminister Netanjahus Aussage vor dem Turkel-Komitee beweist, dass der Grund für die Entscheidung, die Flotte aufzuhalten, nicht deren unmittelbare Bedrohung der Sicherheit Israels war. Keinesfalls wurde von Israel ein solches Recht auf kriegerisches Abfangen oder ein weit gefasstes Recht auf Selbstverteidigung gegenüber der Flotte geltend gemacht.

57. Deshalb stellt die Kommission fest, dass die Flotte nicht nur keine unmittelbare Bedrohung darstellte, sondern dass die Beweggründe für deren Aufbringung Bedenken wegen eines möglichen Propagandasieges war, den die Organisatoren der Flotte beanspruchen könnten.

58. Laut Zeugenaussagen vor dem Turkel-Komitee ist klar erwiesen, dass kein berechtigter Verdacht bestand, die Flotte an sich könne je eine

---

[67] San Remo Manual, Par. 67, 146.

[68] Turkel-Komitee: Eine öffentliche Kommission zur Untersuchung des Vorfalls auf See vom 31. Mai 2010, Sitzung 4, 11. August 2010, Antwort auf eine Frage von Prof. Deutch; auf http://www.turkel-committee.gov.il/files/wordocs/07790ga.doc. Die Kommission merkt an, dass gegen eine Organisation namens „Internationale Humanitäre Hilfsorganisation" mit Sitz in Deutschland, die dieselbe Abkürzung wie die türkische Organisation IHH, aber keine Verbindung zu ihr hat, in Deutschland wegen angeblich „terroristischer" Verbindungen ermittelt wird.

militärische Bedrohung darstellen. Demzufolge traf es nicht zu, dass die Schiffe in Ausübung des Rechts auf Selbstverteidigung gemäß Artikel 51 oder in Ausübung des Seekriegsrechts aufgebracht wurden. Infolgedessen trifft es nicht zu, dass die Aufbringung rechtmäßig war, und die Kommission befindet demnach, dass die Aufbringung rechtswidrig war.

59. Die Kommission befindet, dass die Politik der Blockade oder Abriegelung, einschließlich der von Israel über Gaza verhängten Seeblockade, der Zivilbevölkerung unverhältnismäßig großen Schaden zufügt. Die Kommission ist der Auffassung, die Seeblockade sei als Ergänzungsmaßnahme in Unterstützung der umfassenden Abriegelungsmaßnahmen verhängt worden. Als solche war sie Teil einer singulären unverhältnismäßigen Maßnahme in einem bewaffneten Konflikt und kann als solche nicht selbst als verhältnismäßig befunden werden.

60. Außerdem stellen die Abriegelungsmaßnahmen nach Ansicht der Kommission eine Kollektivbestrafung der Bevölkerung des Gaza-Streifens dar. Sie sind somit rechtswidrig und verstoßen gegen Artikel 33 des 4. Genfer Abkommens.

61. Die Kommission ist der Auffassung, die Durchsetzung einer rechtswidrigen Blockade stelle nicht nur einen Verstoß gegen die Regeln des Kriegsrechts dar, sondern auch einen Verstoß gegen die Regeln der Neutralität. Daraus folgt die Haftbarkeit des Staates.

2. Humanitäres Völkerrecht

62. Die einschlägigen Normen des humanitären Völkerrechts, an die Israel als Besatzungsmacht in den besetzten palästinensischen Gebieten gebunden ist, sind im 4. Genfer Abkommen von 1949 festgelegt, soweit sie sich auf den Schutz von zivilen Personen in Kriegszeiten beziehen. Darüber hinaus ist Israel durch das gewohnheitsrechtliche humanitäre Völkerrecht verpflichtet.

63. Als Besatzungsmacht unterliegt Israel nach dem Völkerrecht bestimmten Verpflichtungen. Der Internationale Gerichtshof hat be-

funden, dass die 4. Genfer Abkommen von 1949 in den besetzten palästinensischen Gebieten Geltung haben, die vor dem Konflikt von 1967 östlich der Grünen Linie lagen und die im Verlauf des Konfliktes von Israel besetzt wurden.[69] Dies trifft auch auf den Gaza-Streifen zu, ungeachtet des einseitigen Abzugs der israelischen Streitkräfte aus dem Gaza-Streifen im Jahre 2005, da der Weiterbestand der Besatzung seitdem mehrfach von der Generalversammlung und dem Sicherheitsrat festgestellt wurde.[70] In diesem Zusammenhang merkt die Kommission an, dass eine Blockade in dem Umfang fortbesteht, in dem die Besatzungsmacht weiterhin eine durchgreifende Kontrolle ausübt.

64.   Die Kommission teilt die Beurteilung, wie sie im Goldstone-Bericht dargestellt ist:

> In Anbetracht der besonderen geopolitischen Gegebenheiten des Gaza-Streifens hat Israel durch die Kontrolle über alle Grenzen des Gebietes die Möglichkeit, die Lebensbedingungen im Gaza-Streifen entscheidend zu beeinflussen. Israel kontrolliert die Grenzübergänge (den Übergang in Rafah nach Ägypten eingeschlossen, gemäß der Bestimmungen des Abkommens über Bewegung und Zugang) und bestimmt, wer und was die Grenze passiert. Es kontrolliert auch die Küstengewässer vor dem Gaza-Streifen und hat im Grunde genommen eine Blockade erklärt und auch die Fischereizone begrenzt, wodurch die wirtschaftlichen Aktivitäten in dieser Zone gesteuert werden. Es kontrolliert auch vollständig den Luftraum über dem Gaza-Streifen, u.a. durch kontinuierliche Überwachung durch Flugzeuge und unbemannte Flugobjekte, so genannte Drohnen oder *UAVs* (Unmanned Aviation Vehicles). Das Militär unternimmt mitunter Vorstöße in den Gaza-Streifen oder greift von Zeit zu Zeit Ziele im Gaza-Streifen an. Im Grenzgebiet, wo sich früher israelische Siedlungen befanden, werden Sperrzonen ausgewiesen, deren Einhaltung von israelischen Truppen überwacht wird. Zudem kontrolliert Israel den lokalen Geldmarkt,

---

[69]   Legal Consequences of the construction of the Wall in the Occupied Palestinian Territory, Advisory Opinion of 9 July 2004, ICJ Reports 2004, Par. 101.

[70]   Resolution des UN-Sicherheitsrates 1860(2009); Resolution der Vollversammlung A/Res/64/92 und Res. A/Res/64/94.

der auf der israelischen Währung beruht (dem Neuen Shekel) sowie Steuern und Zölle.[71]

Die Kommission stellt fest, dass diese Gegebenheiten zur Zeit der zu untersuchenden Vorfälle unverändert bestanden.

65. Nach dem 4. Genfer Abkommen ist es verboten, Personen zu töten, zu foltern, zu misshandeln oder demütigend oder erniedrigend zu behandeln, auch darf Besitz und Eigentum nicht beschädigt oder zerstört werden, es sei denn, während einer Kampfhandlung erweist sich dies als unabdingbar. Artikel 147 des 4. Genfer Abkommens listet eine Reihe „schwerer Verstöße" gegen das humanitäre Völkerrecht auf.

66. Die Passagiere auf der Hilfsflotte waren Zivilisten und sind im Kontext der Aufbringung der Schiffe als geschützte Personen zu betrachten. Nach Artikel 4 des 4. Genfer Abkommens sind geschützte Personen Menschen, die sich zu einem bestimmten Zeitpunkt auf irgendeine Art und Weise in den Händen einer am Konflikt beteiligten Partei oder Besatzungsmacht befinden, deren Staatsangehörigkeit sie nicht haben. In einem bewaffneten Konflikt darf militärische Gewalt nur gegenüber Kombattanten angewandt werden oder gegenüber Zivilisten, die sich direkt und aktiv an Kampfhandlungen beteiligen, was im Falle der *Mavi Marmara* nicht zutrifft.

3. Humanitäres Völkerrecht

67. Israel ist Vertragsstaat der wichtigsten Menschenrechtsabkommen, die in der zu untersuchenden Situation eine Rolle spielen.[72] Die Schiffe der Flotte unterstanden während ihrer Fahrt in internationalen Gewässern auch der Jurisdiktion ihrer Flaggenstaaten, nämlich Kambodscha (*Rachel Corrie*), Komoren (*Mavi Marmara*), Griechenland (*Eleftheri Mesogios*), Kiribat (*Defne Y*), Togo (*Sfendoni*), Türkei

---

[71] Human Rights in Palestine and Other Occupied Arab Territories: Report of the United Nations Fact-Finding Mission on the Gaza Conflict, United Nations Doc A/HRC/12/48 (25 September 2009), Par. 278.

[72] *ICCPR, ICESCR, CEDAW, ICERD, CAT, CRC und the OP on the involvement of children in Armed Conflict.*

(*Gazze I*) und USA (*Challenger I*). Somit haben die internationalen Menschenrechtsabkommen auf allen Schiffen Geltung, da alle Flaggstaaten zu dem fraglichen Zeitpunkt Vertragsstaaten waren.

68. Das humanitäre Völkerrecht ist auch in bewaffneten Konflikten weiterhin in seiner Gesamtheit gültig, in bestimmten Notfallsituationen gelten vertraglich abgesicherte Ausnahmebestimmungen. Im Hinblick darauf merkt die Kommission an, dass der Menschenrechtsausschuss kürzlich erneut seine Auffassung bekräftigt hat, die Geltung der Bestimmungen des humanitären Völkerrechts in einem bewaffneten Konflikt, ebenso im Falle von Besatzung, schließt nicht die Geltung der Bestimmungen des Zivil-Paktes *ICCPR* aus, mit Ausnahme unter Artikel 4, in welchem Falle in Zeiten „nationalen Notstandes bestimmte Vorschriften gegebenenfalls abgeschwächt gültig sind".[73] In seinem *Allgemeinen Kommentar Nr. 29 (General Comment No. 29)* führt der Menschenrechtsausschuss aus, dass der Zivilpakt auch bei bewaffneten Konflikten, in denen die Bestimmungen des humanitären Völkerrechts gelten, weiterhin Gültigkeit hat. „Während im Hinblick auf bestimmte durch den Pakt gesicherte Rechte spezielle Bestimmungen des humanitären Völkerrechtes für die Interpretation der durch den Pakt gesicherten Rechte besonders bedeutsam sein mögen, ergänzen sich die beiden Rechtszweige eigentlich, keinesfalls schließen sie einander aus."[74]

69. Außerdem bestätigte der Internationale Gerichtshof in seinem Rechtsgutachten zu Atomwaffen (1996) die Gültigkeit der Bestimmungen des Paktes während bewaffneter Konflikte und stellte fest: „Prinzipiell gilt das Recht, nicht willkürlich seines Lebensrechtes beraubt zu werden, auch während Feindseligkeiten. Die Entscheidung, was eine willkürliche Beraubung des Rechts auf Leben ist, fällt dann jedoch unter das dann geltende *lex specialis,* nämlich das in einem bewaffneten Konflikt geltende Recht, durch das Verhaltensregeln während Kampfhandlungen festgeschrieben werden sollen. Infolgedessen kann die Entscheidung, ob der Verlust des Lebens durch den Gebrauch einer bestimmten Waffe während Kriegshandlungen

---

[73] CCPR/ISR/CO/3, Par. 5.
[74] CCPR, *General Comment No. 29*, Par. 3, auch als Bestandteil von *General Comment No. 31*, Par. 11

in einem bestimmten Fall als willkürliche Beraubung des Rechts auf Leben in Verstoß gegen Artikel 6 des Paktes zu bewerten ist, nur in Bezug auf das Recht, das in bewaffneten Konflikten gilt, getroffen werden und nicht aus den Bestimmungen des Paktes selbst abgeleitet werden."[75]

70. In seinem *Rechtsgutachten über die rechtlichen Folgen des Baus der Mauer in den besetzten palästinensischen Gebieten* vertrat der Gerichtshof die Auffassung, „der Schutz der Menschenrechtskonventionen endet nicht mit dem Beginn eines bewaffneten Konfliktes, ausgenommen, es werden Bestimmungen wirksam, die Abweichungen von der Art, wie sie in Artikel 4 des *Internationalen Paktes über bürgerliche und politische Rechte* (UN-Zivilpakt) vorgesehen sind, zulassen. Im Hinblick auf das Verhältnis von humanitärem Völkerrecht und allgemeinen Menschenrechten sind demnach drei Fälle möglich: Rechte, die ausschließlich zum humanitären Völkerrecht gehören; Rechte, die ausschließlich unter die Menschenrechte fallen, und Rechte, die zu beiden Zweigen des Völkerrechts gehören."[76]

71. Die Kommission ist der Auffassung, das Verhalten der israelischen Armee an Bord der *Mavi Marmara* sowie das Verhalten der israelischen Behörden im Anschluss an die Operation unterliegt nicht nur den Bestimmungen des *LOAC*, sondern muss sich auch nach den Bestimmungen der Menschenrechte richten. In der Tat schließen Menschenrechte und humanitäres Völkerrecht einander nicht aus, sondern sollten als sich gegenseitig ergänzend und verstärkend betrachtet werden, um den betroffenen Personen den größtmöglichen Schutz zu gewähren.

72. Der UN-Zivilpakt enthält mehrere Artikel, die sogar „in Zeiten öffentlichen Notstands, die das Überleben der Nation bedrohen (Artikel 4)", nicht außer Kraft gesetzt werden dürfen. Zu diesen unveräußerlichen Rechten zählt das Recht auf Leben und das Recht darauf, keiner Folter oder grausamer, unmenschlicher oder entwürdigender Behandlung als Strafmaßnahme ausgesetzt zu werden. Israel hat ge-

---

[75] Legality of the Threat or Use of Nuclear Weapons, Advisory Opinion of 8 July 1996, 1996 ICJ Reports, S. 226, Par.25.
[76] Legal Consequences …, Par. 106.

mäß Artikel 4.3 des Zivilpaktes mit Datum des 3. Oktober 1991 den Notstand/Ausnahmezustand bekannt gegeben, der sich besonders auf die Gültigkeit von Artikel 9 bezüglich Leben und Sicherheit von Personen auswirkt.[77] In diesem Zusammenhang hat der Menschenrechtsausschuss in seiner *Allgemeinen Stellungnahme Nr. 29* die Liste der unveräußerlichen Bestimmungen, wie sie in Artikel 4.2 vorgesehen sind, ausgeweitet und betont, dass Signaturstaaten des Paktes „unter keinen Umständen sich auf Artikel 4 des Paktes berufen dürfen, bloß um damit Verstöße gegen humanitäres Völkerrecht oder bindende Normen des Völkerrechtes zu rechtfertigen, wie z.B. Geiselnahme, Verhängung von Kollektivstrafen, willkürliche Freiheitsberaubung, Nichtbeachtung der Grundprinzipien fairer Gerichtsverfahren, einschließlich der Unschuldsvermutung".[78]

73. Artikel 2 des Zivilpaktes verpflichtet alle Signaturstaaten, allen Personen, „die auf ihrem Gebiet leben und ihrer Jurisdiktion unterstehen", die ihnen in diesem Pakt zuerkannten Rechte zu sichern und zu achten. Die Gültigkeit auch außerhalb des Staatsgebietes (extraterritoriale Gültigkeit) wurde vom Menschenrechtsausschuss in der *Allgemeinen Stellungnahme Nr. 31* ausgeführt: „Ein Signaturstaat muss die im Pakt zugestandenen Rechte allen in seinem Macht- oder effektiven Kontrollbereich lebenden Personen zusichern und respektieren, selbst wenn diese nicht auf dem eigentlichen Staatsgebiet leben."[79] Die Gültigkeit des Zivilpaktes „im Hinblick auf Hand-

---

[77] „Seit seiner Gründung ist der Staat Israel das Opfer fortwährender Bedrohungen und Angriffe auf seine ureigene Existenz sowie auf Leben und Besitz seiner Bürger.
„Diese haben die Form von Kriegsdrohungen, realen bewaffneten Angriffen und terroristischen Anschlägen angenommen, in deren Folge Menschen getötet und verletzt wurden.
„In Anbetracht der geschilderten Umstände ist der Notstand, der im Mai 1948 ausgerufen wurde, unvermindert in Kraft. Diese Lage stellt einen öffentlichen Ausnahmezustand nach Interpretation von Artikel 4(1) des UN-Zivilpaktes dar.
„Die israelische Regierung hat es daher in Übereinstimmung mit dem genannten Artikel 4 für notwendig erachtet, Maßnahmen zu ergreifen, die sich streng nach den Erfordernissen der gegebenen Situation ausrichten, um den Staat zu verteidigen und Leben und Besitz zu schützen; dazu gehört die Befugnis zu verhaften und in Gewahrsam zu halten.
„Wenn irgendeine dieser Maßnahmen dem Artikel 9 des Paktes zuwiderlaufen sollte, entbindet sich Israel von seinen dort festgeschriebenen Verpflichtungen."
[78] CCPR, General Comment No. 29, Par. 11 (HRI/GEN/Rev.9 (Vol.I)).
[79] CCPR, General Comment No. 31, Par. 10.

lungen des Staates in Ausübung seiner Hoheitsgewalt außerhalb seines Territoriums" wurde vom Internationalen Gerichtshof 2004 in seinem Rechtsgutachten über den Bau der Mauer bestätigt.[80] Der Menschenrechtsrat hat diese Ansicht in seiner jüngsten Bewertung Israels im Juli 2010 bekräftigt.[81]

74. Zu weiteren einschlägigen menschenrechtlichen Normen der Vereinten Nationen, die für die Mitgliedsstaaten bindend sind, gehören der Verhaltenskodex für Beamte mit Polizeibefugnissen, die Grundprinzipien für die Anwendung von Gewalt und den Gebrauch von Schusswaffen durch Beamte mit Polizeibefugnissen, der Grundsatzkatalog für den Schutz aller irgendeiner Form von Haft oder Straf-

---

[80] Legal Consequences …, Par. 111.

[81] CCPR/ISR/CO/3, Par. 5: „Der Ausschuss bekräftigt erneut seine Auffassung wie zuvor bereits in Ziffer 11 seiner Abschließenden Bemerkungen zu dem zweiten periodischen Bericht des Vertragsstaates [gemeint ist Israel, d.Ü.] (CCPR/CO/78/ISR) und Ziffer 10 seiner Abschließenden Bemerkungen zum ersten Bericht des Vertragsstaates (CCPR/C/79/Add. 93), dass die Gültigkeit der Bestimmungen des humanitären Völkerrechts in einem bewaffneten Konflikt, wie auch im Falle einer Besetzung, die Gültigkeit des Zivilpaktes nicht beeinträchtigen, außer bei Anwendung von Artikel 4, wodurch von gewissen Vorschriften in Zeiten eines nationalen Notstandes abgewichen werden kann. Die Auffassung des Ausschusses wird, einstimmig, vom Internationalen Gerichtshof in seinem Rechtsgutachten zu den rechtlichen Folgen des Baus der Mauer in den besetzten palästinensischen Gebieten gestützt (Advisory Opinion, ICJ Reports 2004, S. 136), wonach die Bestimmungen des Zivilpaktes auf alle Handlungen eines Staates in Ausübung seiner Hoheitsgewalt außerhalb seines eigenen Staatsgebietes Gültigkeit haben. Des Weiteren schließt die Gültigkeit der Bestimmungen des humanitären Völkerrechts die Haftung der Vertragsstaaten nach Artikel 2 (1) des Zivilpaktes für Handlungen ihrer Behörden oder in ihrem Auftrag Handelnder außerhalb ihres Staatsgebietes, einschließlich besetzter Gebiete nicht aus. Der Ausschuss wiederholt und bekräftigt daher, dass, entgegen der Auffassung des Vertragsstaates, unter den gegebenen Umständen die Bestimmungen des Zivilpaktes zugunsten der Bevölkerung der besetzten Gebiete einschließlich des Gaza-Streifens Anwendung finden hinsichtlich aller Handlungen der Behörden des Vertragsstaates oder der in seinem Auftrag Handelnden in diesen Gebieten, die den Genuss der in dem Pakt verbrieften Rechte (Art. 2 und 40) berühren. Der Vertragsstaat sollte die volle Umsetzung der Bestimmungen des Paktes in Israel wie auch in den besetzten Gebieten, einschließlich des Westjordanlandes, Ost-Jerusalems, des Gaza-Streifens und der besetzten syrischen Golanhöhen sicherstellen. Der Allgemeinen Stellungnahme Nr. 31 (General Comment No. 31) des Ausschusses entsprechend, sollte der Vertragsstaat sicherstellen, dass alle Personen unter seiner Hoheitsgewalt wie auch effektiven Kontrolle die im Zivilpakt verbrieften Rechte in vollem Umfang ausüben können.

gefangenschaft unterworfenen Personen und die Grundsätze für
die wirksame Verhütung und Untersuchung von außergesetzlichen,
willkürlichen und summarischen Hinrichtungen.

III. Das Abfangen der Flotte durch die israelische Marine und die Zeit danach

A. Die Organisation der Gaza-Flotte und die Antwort der israelischen Regierung

Tatsachenbeschreibung und -feststellung

75. Die Kommission stellte die folgenden Tatsachen als für sie ausreichend erwiesen fest:

(a) Die Ziele der „Free Gaza"-Bewegung und der Gaza-Flotte vom Mai 2010

76. Die „Free Gaza"-Bewegung, eine in Zypern als gemeinnützig registrierte Menschenrechtsorganisation, organisierte fünf erfolgreiche Bootsfahrten nach Gaza in der Zeit zwischen August und Dezember 2008, wobei jedes Mal ein oder zwei kleinere Boote benutzt wurden. Das erklärte Ziel der Fahrten war es, die Blockade von Gaza zu durchbrechen. Die Boote wurden damals von den israelischen Behörden nicht abgefangen, wenngleich die Organisatoren von den israelischen Stellen einige Drohungen empfingen. Eine sechste Kommission im Dezember 2008 musste in den Libanon ausweichen, nachdem das Boot von der israelischen Marine gerammt und schwer beschädigt worden war, und eine siebte Kommission im Januar 2009 musste aufgeben, nachdem Befürchtungen aufkamen, dass es ebenfalls gerammt würde.

77. Am 29. Juni 2009, etwa 20 Seemeilen von der Küste von Gaza entfernt, fing die israelische Marine das Boot mit dem Namen „*Spi-*

rit of Humanity" ab, welches der „Free Gaza"-Bewegung gehörte und 21 Passagiere sowie eine Ladung Hilfsgüter für Gaza an Bord hatte. Nachdem israelische Aufforderungen umzudrehen, nicht befolgt wurden, wurde das Boot geentert und nach Ashdod geschleppt, wo die Passagiere festgenommen und in Haft genommen wurden.

78. Nach diesen erfolglosen Versuchen bemühte sich die „Free Gaza"-Bewegung um eine größer angelegte Zusammenarbeit mit anderen Organisationen, um die Zahl der Boote bei zukünftigen Missionen zu erhöhen. Die Bewegung stellte Beziehungen mit einer Reihe von Organisationen her, einschließlich der türkischen Hilfsorganisation „Stiftung für Menschenrechte und Freiheiten und Humanitäre Hilfe" (IHH), die Beraterstatus beim Wirtschafts- und Sozialrat hat. Die IHH, die in über 120 Ländern und Territorien einschließlich des Gaza-Streifens aktiv gewesen war, hatte eine eigene Kommission zum Gaza-Streifen geplant und verpflichtete sich, an der Flotte mit zwei Frachtschiffen und einem neu erworbenen Passagierschiff mit einer Gesamtkapazität von über 600 Passagieren teilzunehmen. Eine Reihe anderer Organisationen, einschließlich von „Schiff für Gaza" (Schweden), „Schiff für Gaza" (Griechenland) und der „Europäischen Kampagne für den Bruch der Blockade von Gaza", sagten ebenfalls die Beteiligung an der Unternehmung zu, die schließlich als die „Gaza-Freiheitsflotte" („Gaza Freedom Flotilla") bekannt wurde.

79. Das erklärte Ziel der Flotte bestand, wie die Leiter der „Free Gaza"-Bewegung und von IHH ausgesagt haben, aus dreierlei:

1) Die internationale öffentliche Aufmerksamkeit auf die Situation im Gaza-Streifen und die Auswirkungen der Blockade zu lenken,
2) die Blockade zu brechen und
3) humanitäre Hilfe und Hilfsgüter in den Gaza-Streifen zu bringen.

Alle Teilnehmer, die von der Kommission interviewt wurden, teilten diese Ziele, auch wenn die meisten das Hauptgewicht auf die humanitäre Unterstützung legten.

80. Die Kommission stellt ein gewisses Spannungsverhältnis zwischen den politischen und den humanitären Zielen der Flotte fest. Dies

zeigte sich in dem Moment, da die israelische Regierung anbot, humanitäre Güter über israelische Häfen anzuliefern, allerdings unter der Aufsicht einer neutralen Organisation. Die Kommission stellt ebenfalls fest, dass der Gaza-Streifen keinen Tiefseehafen besitzt, der darauf eingerichtet ist, die Art von Frachtschiffen aufzunehmen, welche an der Flotte teilnahmen. Das führte zu praktischen logistischen Fragestellungen betreffend den Plan, große Mengen Hilfsgüter auf dem gewählten Weg zu liefern, führte. Wenngleich die Kommission überzeugt ist, dass die Flotte einen ernsthaften Versuch darstellte, wichtige humanitäre Güter nach Gaza zu bringen, so scheint es doch klar, dass das primäre Ziel politischer Natur war. Dies kam in der Tat auch zum Ausdruck in der Entscheidung der Passagiere an Bord der *Rachel Corrie*, einen von der irischen Regierung unterstützten Vorschlag zurückzuweisen, wonach die Ladung über Ashdod hätte vollständig und unverändert ausgeliefert werden können.

(b) Zusammensetzung der Flotte

81. Die Flotte setzte sich ursprünglich aus acht Booten zusammen, die insgesamt 748 Passagiere beförderten (siehe die in Anlage beigefügten Tafeln):

- die *M. V. Mavi Marmara* – ein Passagierschiff, registriert auf den Komoren[82] und Eigentum der IHH,

- die *M. V. Defne Y* – ein Frachtschiff, registriert in Kiribati und Eigentum der IHH,

- die *M. V. Gazze I* – ein Frachtschiff, registriert in der Türkei und Eigentum der IHH,

- die *M. V. Sfendoni oder Sfendonh* – ein Passagierschiff, registriert in Togo und im Eigentum der Sfendonh S.A. mit Sitz auf den Marschallinseln. Das Boot war kurz vor Teilnahme an der

---

[82] Das Schiff war von der IHH Anfang 2010 mit Spenden erworben worden, die von Mitgliedern gesammelt worden waren, und war auf den Komoren gerade wenige Tage vor dem Aufbruch nach Gaza registriert worden.

Flotte auf den alternativen Namen „Boat 8000" getauft worden, der dann auch in offiziellen israelischen Berichten benutzt wurde.

- Die ***M.V. Eleftheri Mesogios oder Sofia*** – ein Frachtschiff, registriert in Griechenland und im Eigentum der *Eleftheri Mesogios* Schifffahrtsgesellschaft mit Sitz in Athen. Der griechische Name des Schiffes bedeutet „freier Mediterraner" und der Alternativname „*Sofia*" wurde in einigen Berichten ebenfalls gebraucht.

- Die ***Challenger I*** – ein Freizeitschiff, registriert in den Vereinigten Staaten von Amerika und im Eigentum der „Free Gaza"-Bewegung,

- die ***Challenger II*** – ein Freizeitschiff, registriert in den Vereinigten Staaten von Amerika und im Eigentum der „Free Gaza"-Bewegung sowie

- die ***M.V. Rachel Corrie*** – ein Frachtschiff, registriert in Kambodscha und im Eigentum der „Free Gaza"-Bewegung.

Die teilnehmenden Organisationen waren verpflichtet, ihre eigenen Schiffe zu erwerben, nachdem kommerzielle Schifffahrtsgesellschaften davor zurückschreckten, ihre Schiffe für die geplante Flotte zu verchartern. Die Dienste der Mannschaft der Frachtschiffe der IHH wurden über eine Agentur in Istanbul gebucht.

82. Die *Challenger II* trat aus der Flotte aus, nachdem sie Maschinenprobleme bekam. Die Passagiere setzten dann in internationalen Gewässern auf die *Challenger I* und die *Mavi Marmara* über. Der Aufbruch der *Rachel Corrie* aus Irland wurde verzögert, so dass sie nicht in der Lage war, sich der Flotte am 31. Mai anzuschließen. Da sie jedoch am 6. Juni ebenfalls von der israelischen Marine in internationalen Gewässern abgefangen wurde und ihre Passagiere demselben Verhaftungs- und Ausweisungsprozess unterworfen wurden, hat die Kommission dieses Schiff in ihre Untersuchung einbezogen.

83. Wie es bei früheren Fahrten gehandhabt worden war, planten einige Passagiere, von Zypern aus mit der Fähre zu ihren Schiffen in internationalen Gewässern zu gelangen und dort an Bord zu gehen. Die zyprischen Behörden verweigerten diesen Passagieren jedoch im letzten Moment das Einschiffen. Nach mehreren vergeblichen Versuchen, von Häfen im Süden der Insel einzuschiffen, gelang dann einigen Passagieren die Ausreise vom nordzyprischen Hafen Famagusta.

(c) Vorbereitung der Flotte

84. Die an der Flotte teilnehmenden Organisationen waren lose miteinander verknüpft durch ein Neun-Punkte-Abkommen mit dem Titel „Punkte der Einigkeit", worin die gemeinsamen Ziele, die von allen Teilnehmern geteilt wurden, aufgeführt waren, einschließlich ihrer Verpflichtung, sich einem Angriff nur durch den Einsatz gewaltloser Mittel zu widersetzen. Laut „Free Gaza"-Bewegung war auf jedem Schiff ein Leitungsteam gebildet worden, das sich aus Vertretern der teilnehmenden Organisationen zusammensetzte.

85. Angehörige etwa vierzig verschiedener Staaten nahmen an der Flotte teil. Jede Organisation wählte ihre Teilnehmer für die verschiedenen Schiffe nach ihren eigenen Kriterien aus. Es gab kein einheitliches Formular, nach welchem – alle teilnehmenden Organisationen umspannend – künftige Teilnehmer registriert wurden und welches sie hätten unterzeichnen sollen, auch wenn die einzelnen Organisationen die Ausfüllung schriftlicher Bewerbungsbögen verlangten und Screening- und Auswahlverfahren stattfanden. Viele der befragten Teilnehmer hatten keine besonderen Fähigkeiten oder Qualifikationen für humanitäre Arbeit. Einige Organisationen gaben an, dass sie die Teilnehmer aufgrund ihrer Qualifikationen auswählten (z.B. Ärzte), aufgrund ihres Status als Personen von Einfluss (z.B. Parlamentarier, Schriftsteller) oder aber aufgrund ihrer Fähigkeit, Provokationen zu widerstehen. Einige Organisatoren drückten ihre Vorliebe für Personen aus, die ihnen persönlich bekannt waren.

86. Die Kommission wurde darauf aufmerksam gemacht, dass ein Passagier auf dem Schiff, das für die Logistik der Ladung der *Mavi Mar-*

mara verantwortlich war, vorbestraft war und eine Haftstrafe für seine Beteiligung an der Kaperung eines russischen Fährschiffes im Jahre 1996 verbüßt hatte. Die Entführer hatten damals die Freilassung von tschetschenischen Gefangenen gefordert.[83]

87. Die Teilnehmer sammelten in ihren Gemeinden Geld für die Fahrten und außerdem Barspenden, die direkt an die Bevölkerung von Gaza übergeben werden sollten.

88. Am Hafen von Antalya herrschten strenge Sicherheitsvorkehrungen die *Mavi Marmara* betreffend und alle Gegenstände an Bord waren kontrolliert worden. Die Passagiere und ihr Gepäck wurden den gleichen Sicherheitskontrollen unterworfen wie auf Flughäfen vor dem Einstieg ins Flugzeug, einschließlich körperlicher Durchsuchungen. Die Passagiere, die auf dem offenen Meer von der *Challenger I* auf die *Mavi Marmara* transferiert worden, waren denselben Kontrollen unterworfen.

89. Ähnlich gründlichen Sicherheitskontrollen wurden die Passagiere an Bord der *Eleftheri Mesogios* im griechischen Ausgangshafen unterzogen. Die *Sfendoni* transportierte zwar in erster Linie Passagiere, hatte aber auch eine gewisse Anzahl medizinischer Güter an Bord, unter anderem ein Ultraschallgerät, das gespendet worden war. Der Kapitän dieses Schiffes kontrollierte das Gerät wie auch das Boot persönlich, um zu bestätigen, dass es keine Waffen oder ähnliche Gegenstände an Bord gab. Zeugen gaben ebenfalls an, dass die Ladung an Bord der *Rachel Corrie* von drei unabhängigen Stellen kontrolliert und sodann versiegelt worden war, bevor sie Irland verließ. Die Siegel waren noch intakt, als das Schiff von den Israelis betreten wurde.

90. Aus den Zeugenaussagen ergab sich kein klares logistisches Konzept hinsichtlich der Frage, wie die große Menge an humanitären Gütern, welche die Frachtschiffe der Flotte transportierten, in Gaza ausgeladen würde angesichts der beschränkten Kapazität des Hafens in

---

[83] Bericht des Meir Amit Geheimdienst- und Terrorismus-Informationszentrums, Israel, 26. August 2010: http://www.terrorism-info.org.il/malam_multimedia/English/eng_e119.pdf.

Gaza. Ein Zeuge gab an, dass er davon ausging, dass Mitarbeiter der IHH, die sich bereits in Gaza befanden, Kräne zum Umladen der Fracht auf kleinere Schiffe vorbereiteten. Ein anderer Zeuge bestätigte diesen Plan und gab an, dass die *Eleftheri Mesogios* selbst einen Kran besaß.

(d) Geplante Route und Reiseziel der Flotte

91. Die an der Flotte nach Gaza teilnehmenden Schiffe liefen von verschiedenen Häfen an verschiedenen Tagen aus (siehe unten) und begaben sich zu einem vereinbarten Treffpunkt in internationalen Gewässern, ungefähr 40 Seemeilen südlich von Zypern. Die folgenden Schiffe begaben sich zum Treffpunkt wie folgt:

14. Mai 2010:   Die *Gazze I* startet von Istanbul nach Iskenderun.

18. Mai 2010:   Die *Rachel Corrie* startet vom Hafen Greenore in Irland nach Malta. Ursprünglich war sie am 14. Mai aus Dundalk ausgelaufen, hatte aber einen Zwischenstopp für Reparaturarbeiten eingelegt.

22. Mai 2010:   Die *Mavi Marmara* startet von Istanbul Richtung Antalya, Türkei.

22. Mai 2010:   Die *Gazze I* startet von Iskenderun Richtung Gaza.

24. Mai 2010:   Die *Defne Y* startet von Istanbul.

24. Mai 2010:   Die *Eleftheri Mesogios* startet von Piräus, Griechenland.

25. Mai 2010:   Die *Mavi Marmara* erreicht Antalya, Türkei.

25. Mai 2010:   Die *Sfendoni* startet von Piräus, Griechenland (und legt dann einen Zwischenstopp in Rhodos ein).

28. Mai 2010:   Die *Mavi Marmara* verlässt Antalya, Türkei.

29. Mai 2010: Die *Challenger I* und die *Challenger II* starten von Kreta; die *Rachel Corrie* erreicht Malta.

30. Mai 2010: Die sechs Schiffe versammeln sich an einem Treffpunkt südlich von Zypern; die *Rachel Corrie* verlässt Malta.

92. Die Einschiffungsdokumente der Schiffe, die von der Türkei aus starteten, gaben als offizielles Reiseziel Gaza an; in den Zollunterlagen stand allerdings Libanon, weil Gaza im Computersystem als Zielhafen gar nicht vorgesehen war. Einige Besatzungsmitglieder mehrerer Schiffe gaben bei der Befragung an, sie seien davon ausgegangen, es sei beabsichtig, zuerst nach Ägypten zu fahren und dann von Westen aus in die Küstengewässer Gazas vorzustoßen.

93. Die Flotte begann ihre Fahrt in Richtung Gaza am 30. Mai 2010 um 15 Uhr 54 von einer Position ungefähr 65 Seemeilen westlich der libanesischen Küste.

(c) Erste israelische Pläne, die Flotte abzufangen

94. Laut Stabschef der Verteidigung erfuhren die israelischen Behörden von der geplanten Flotte Anfang Februar 2010 und gingen davon aus, dass die Absicht darin bestand, die Blockade zu brechen. Man begann sofort mit diplomatischen Anstrengungen, die Flotte an der Fahrt zu hindern, und entwickelte alternative Handlungsszenarien. Formale erste Anweisungen, Vorbereitungen zum Abfangen der Flotte zu treffen, wurden Mitte April erteilt, und am 12. Mai war eine Vorgehensweise entwickelt worden, die vom israelischen Generalstabschef am 13. Mai 2010 gebilligt wurde.

95. Am 13. Mai 2010 schickte der israelische Generalstabschef ein Schreiben an den Verteidigungsminister und den Premierminister, worin er die verschiedenen Optionen darstellte, wie man mit der Flotte umgehen könne; darin enthalten war auch die militärische Option, die Schiffe zu kapern, in Beschlag zu nehmen und die Passagiere zu inhaftieren. Eine weitere Überprüfung fand am 26. Mai statt, und der Verteidigungsminister stimmte der Operation formell

zu. Es wurde dann umfassend trainiert und geplant, wozu auch die Errichtung eines Abfertigungszentrums für die Gefangenen im Hafen von Ashdod gehörte.

96.   Nach den der Kommission zur Verfügung stehenden Informationen bestanden die israelischen Einheiten aus einer Anzahl von Korvetten und Raketenschnellbooten, Helikoptern, Motorschlauchbooten (Zodiacs), Überwachungsflugzeugen und möglicherweise zwei U-Booten. Soldaten der „Shayetet 13"-Marine-Spezialeinheit nahmen ebenfalls an der Operation teil. Die Operation erhielt den Codenamen „Operation Seebrise" oder „Operation Himmelswinde".

97.   Die israelischen Aufklärungseinheiten/Geheimdienste identifizierten und beobachteten bestimmte Passagiere im Vorhinein, wie sich aus einem laminierten Büchlein ergab, das aus dem Besitz eines der gefangenen israelischen Soldaten erlangt wurde und das Namen und Fotos von bestimmten herausragenden Personen eines jeden der sechs Schiffe wie auch Fotos eines jeden Schiffes enthielt. Eine Passagierin war in der Lage zu bestätigen, dass ihr Foto in dem Büchlein gerade wenige Tage vor dem Auslaufen der Flotte gemacht worden war. Überwachung im Vorfeld wird belegt durch Zeugenaussage von Verteidigungsminister Ehud Barak vor der Turkel-Kommission, wonach die spezielle Anordnung getroffen wurde, „die Organisatoren der Flotte weiterhin geheimdienstlich zu überwachen und dabei besonders die Möglichkeit im Auge zu behalten, dass sich unter den Passagieren der Flotte terroristische Elemente befinden, die versuchen könnten, das israelische Militär zu schädigen".[84]

(f) Vorbereitungen zur Verteidigung der Schiffe für den Fall eines Enterungsversuches

98.   Es scheint der Kommission klar, dass die Teilnehmer bereits zu dem Zeitpunkt, als die Flotte sich bei Zypern zu versammeln begann, sich des vollen Ausmaßes der israelischen Absicht, die Schiffe abzufangen, zu entern und an sich zu nehmen, bewusst wurden. Einzelheiten

---

[84]   Zeugnis von Ehud Barak, Verteidigungsminister, Turkel-Komitee: Öffentliche Anhörungskommission

der israelischen Planung waren bereits in einer israelischen Zeitung veröffentlicht worden. Viele Passagiere gaben an, dass sie vor diesem Zeitpunkt glaubten, dass die Israelis versuchen würden, die Passage der Flotte zu blockieren und sie zur Kursabweichung zu zwingen, dass sie sich aber nicht vorstellen konnten, dass sie beabsichtigten, die Schiffe mit Gewalt zu entern. Diese Überzeugung hielt sich bei vielen weniger erfahrenen Passagieren bis zu dem Augenblick des tatsächlichen Abfangens, obwohl es 2009 den Präzedenzfall der „*Spirit of Humanity*" gab. Viele Passagiere berichteten der Kommission, dass sie bis zu dem Zeitpunkt, in welchem sich die ersten israelischen Boote am Morgen des 31. Mai der *Mavi Marmara* näherten, nicht wirklich glaubten, dass die Israelis versuchen würden, das Schiff zu entern.

Vorbereitung und Planung auf der Mavi Marmara

99. Die volle Einsicht, dass die Israelis Ernst machten mit der Kaperung der Flotte, machte sich bei den Passagieren der *Mavi Marmara* im Verlauf des 30. Mai breit. Es gibt klare Beweise dafür, dass einige Personen auf der *Mavi Marmara*, einschließlich höherrangiger Führungspersonen der IHH, darauf vorbereitet waren, das Schiff aktiv gegen jegliche Enterungsversuche zu verteidigen. Filmisches Beweismaterial zeigt eine Zusammenkunft von ungefähr 50-100 Passagieren auf dem Schiff am 30. Mai, bei welcher der Präsident der IHH und eine Anzahl anderer prominenter Passagiere sich damit brüsteten, dass sie eine israelische Übernahme des Schiffes verhindern würden. Es war zu beobachten, wie der Druck der Wasserschläuche auf den Schiffsdecks einen Tag vor dem Abfangen getestet wurde.

100. Nach einer Kommunikation mit der israelischen Marine über Funk und dem Sichten der israelischen Schiffe wurde klar, dass ein Entern des Schiffes unmittelbar bevorstand. Die Passagiere wurden aufgefordert, ihre Schwimmwesten anzuziehen. Wenngleich es offenbar keinen abgestimmten Plan gab, der alle Passagiere umfasste, taten sich einige Personen mit der Absicht zusammen, das Schiff zu verteidigen. Wenig deutet auf ein einheitliches Kommando hin, die Verteidigung des Schiffes zu koordinieren.

101. In der Nacht vom 30. auf den 31. Mai nahmen sich einige Passagiere elektrische Geräte aus der unverschlossenen Schiffswerkstatt und zersägten Teile der Reling in Stücke von ungefähr eineinhalb Metern Länge, offensichtlich, um sie als Waffen zu gebrauchen. Weiterhin wurden längenweise Metallketten entfernt, die sich zwischen den Geländern befanden. Als die Mannschaft des Schiffes dies bemerkte, wurden die „Werkzeuge" konfisziert und in den Funkraum an der Brücke gesperrt. Eine Reihe von Passagieren wurde auch mit Gasmasken ausgestattet, um den Folgen des Einsatzes von Tränengas zu begegnen. Allerdings stellt die Kommission fest, dass schon die Standardausrüstung des Schiffes für den Fall eines Feuers Atemmasken beinhalten musste. Ferner bestätigt der Umstand, dass einige Passagiere in letzter Minute versuchten, sich kurz vor dem Abfangen eine Art rudimentäre Waffen zu basteln, die Feststellung der Kommission, dass in der Tat keine Waffen an Bord des Schiffes verbracht worden waren.

Vorbereitung und Planung auf der Challenger I, der Sfendoni,
der Eleftheri Mesogios und der Rachel Corrie

102. Passagiere und Besatzung der *Challenger I* wurden in Techniken des passiven Widerstands unterwiesen, wie man sich gewaltlos verhält und wie im Falle einer Inhaftierung in Israel (dazu gehörte auch die Kontaktaufnahme mit einem Rechtsanwalt vor dem Einschiffen). Laut Zeugenaussagen hatte es im Vorfeld Besprechungen der Passagiere gegeben, wie man bei einem israelischen Versuch, die Schiffe zu entern, reagieren solle, wobei die Besatzungen darauf bestanden hatten, keinerlei Versuch zu unternehmen, Eindringlinge gewaltsam abzuwehren. Kapitäne und Besatzung widersetzten sich auch dem Vorschlag, den Zugang zur Brücke zu blockieren, aus Befürchtung, dies könne die Soldaten nur reizen. Laut Zeugen war beabsichtigt, den Soldaten gegenüber nur symbolisch Widerstand zu leisten, um ausreichend klar zu machen, dass ihr an Bordkommen unerwünscht war.

103. Zeugen an Bord der *Sfendoni* und der *Eleftheri Mesogios* bestätigten ähnliche Diskussionen an Bord ihrer Schiffe. Auf der *Eleftheri Mesogios* wurde außerdem entschieden, dass Wasserschläuche zu Waffen zweckentfremdet werden könnten und deshalb nicht benutzt

werden sollten. Auf der *Sfendoni* beabsichtigten die Passagiere, sich auf die Decks zu setzen und jegliche Versuche, die Brücke unter Kontrolle zu bringen, durch passiven Widerstand zu verzögern.

104.   Die Passagiere an Bord der *Rachel Corrie* kamen überein, keinen Widerstand gegenüber den israelischen Streitkräften zu leisten, und teilten dies den Israelis vor ihrer Einschiffung mit.

Vorbereitung und Planung auf der Gazze I und der Defne Y

105.   Es gibt keine Hinweise darauf, dass Mannschaft oder Passagiere von *Gazze I* oder *Defne Y* irgendwelche Vorbereitungen getroffen hätten, sich gegen eine mögliche Enterung zu verteidigen.

B.   Das Abfangen der Gaza-Flottille durch die israelische Marine am 31. Mai 2010

1. Beschreibung der Tatsachen und Erkenntnisse

106.   Die Kommission hat die folgenden Tatsachen als gesichert festgestellt:

(a) Kontakte zwischen der israelischen Marine und den Schiffen der Flottille.

107.   Die Flottille verließ den Treffpunkt am 30. Mai 2010 um 15.45 und setzte ihre Fahrt in südwestlicher Richtung auf Kurs 222° fort. Dieser Kurs wurde um 23.30 Uhr auf 185° (fast genau südlich) geändert und – ungefähr parallel zur israelischen Küste – beibehalten. Die Flottille hielt einen Abstand von 70 Seemeilen ein, da sie durch einen NAVTEX-Hinweis gewarnt war, das israelische Militär führe Übungen in einem Bereich bis zu 68 Seemeilen vor der Küste durch.

108. Der erste Funkkontakt mit der israelischen Marine erfolgte gegen 22.30 Uhr. Alle Schiffe wurden nacheinander von der israelischen Marine auf Kanal 16 kontaktiert und aufgefordert, auf einen anderen Kanal umzuschalten. Das wurde von allen abgelehnt, damit alle Schiffe die gesamte Kommunikation verfolgen konnten. Die israelische Marine verlangte von allen Schiffen, sich zu identifizieren und den Zielhafen anzugeben. Dann warnte sie jedes einzelne Schiff, wobei es Variationen gab, es nähere sich einem Gebiet mit Kampfhandlungen, über das eine Seeblockade verhängt sei; die Küstengewässer vor Gaza seien für alle Schiffe geschlossen, sie müssten deshalb ihren Kurs ändern, um ihre Ladung im Hafen von Ashdod in Israel zu löschen. Bei einigen Anweisungen wurde jeder Kapitän einzeln gewarnt, er trage die persönliche Verantwortung für alle Konsequenzen, wenn er der Forderung nicht nachkomme. Bei früheren Versuchen der „Free Gaza"-Bewegung, auf dem Seeweg nach Gaza zu kommen, war die Kontaktaufnahme der israelischen Marine ganz ähnlich verlaufen.

109. Alle Kapitäne der verschiedenen Schiffe erklärten, ihr Ziel sei Gaza und der Zweck sei die Lieferung humanitärer Hilfe. Sie betonten auch, dass die israelischen Streitkräfte nicht das Recht hätten, von den Schiffen Kursänderungen zu verlangen, und dass die Blockade (von Gaza) illegal sei. Ein Vertreter der „Free Gaza"-Bewegung sprach für die ganze Flottille mit den Israelis und wiederholte, dass die Passagiere unbewaffnete Zivilisten seien und humanitäre Hilfe lieferten und dass keines der Schiffe als eine Bedrohung für Israel betrachtet werden könne.

Zu keinem Zeitpunkt verlangte die israelische Marine die Ladung zu inspizieren. Die Kontakte mit der israelische Marine wurden bis etwa 02.00 Uhr fortgesetzt, bis die Kommunikationseinrichtung durch die israelischen Streitkräfte blockiert und alle Nachrichten nach außen abgeschnitten wurden. Die Schiffe der Flottille konnten aber untereinander durch transportable Gegensprechgeräte Kontakt halten.

110. Anfang Juni 2010 veröffentlichten israelische Behörden angebliche Ausschnitte aus dem Funkverkehr zwischen der israelischen Marine und der *Defne Y* mit beleidigenden Anspielungen unbekannter Personen auf Auschwitz und den Angriff vom 11. September 2001 auf das WTC in New York. Die Kommission konnte aber nicht feststel-

len, ob diese Aufnahmen authentisch sind, und die israelische Regierung hat dieses Material dem Ausschuss auch nicht für eine angemessene Überprüfung zur Verfügung gestellt. Der Kommission wurde aber positiv bestätigt, dass derartige Äußerungen von niemandem auf der Flottille gemacht worden sind, der dort mit der Kommunikation befasst war.

111. Einige Zeit nach der anfänglichen Kommunikation mit der israelischen Marine, zwischen 23.00 Uhr und Mitternacht, bemerkten Besatzung und Passagiere der sechs Schiffe die israelischen Boote, durch Sichten und durch Funkkontakt zwischen den Booten. Die größeren israelischen Boote und Hubschrauber kamen für die Besatzung der Schiffe ungefähr um 01.00 Uhr (31. Mai 2010) in Sicht; alle Schiffe der Flottille geben für die Sichtung ungefähr diesen Zeitpunkt an.

(b) Ereignisse an Bord der Mavi Marmara[85]

(i) Ursprünglicher Versuch, von See aus auf die Mavi Marmara zu gelangen

112. Die Israelis machten kurz vor 04.30 Uhr den ersten Versuch, von Schlauchbooten aus an Bord der *Mavi Marmara* zu gelangen. Verschiedene Schlauchboote näherten sich dem Bug des Schiffes von backbord und steuerbord. Dabei wurden nicht-tödliche Waffen eingesetzt, einschließlich Rauch-, Blendgranaten und Farbgeschossen. Möglicherweise kamen in dieser Phase auch Gummigeschosse zum Einsatz: Aber Behauptungen, von den Schlauchbooten aus sei scharf geschossen worden, hält die Kommission für nicht ausreichend bewiesen. Rauch und Tränengas erwiesen sich aufgrund starker Winde und später außerdem durch die Abwinde der Hubschrauber-Rotoren als unwirksam.

---

[85] Für die Zwecke dieses Berichtes werden die folgenden Bezeichnungen für die verschiedenen Decks auf der *Mavi Marmara* verwendet: Top-Deck/Oberdeck – das Dach des Schiffs, wo sich Satellitenturm und Schornstein befinden. Brückendeck – das Deck unterhalb des Top-Decks mit Zugang zur Brücke, Vorderdeck – unterstes offenes Deck mit Zugang zum Bug. Live Fernsehübertragungen wurden von einem Bereich des offenen Decks auf der Rückseite des Brückendecks gemacht.

113. Die israelischen Streitkräfte versuchten, das Schiff mit Hilfe an den Rumpf angebrachter Leitern zu entern. Passagiere, die mit der Abwehr dieses Enterungsversuchs befasst waren, benutzten die Wasserspritzen des Schiffs[86] und warfen verschiedene Gegenstände auf die Boote, u.a. Stühle, Stöcke, einen Karton voller Teller und andere rasch greifbare Gegenstände. Dieser erste Versuch, das Schiff zu entern, erwies sich als erfolglos. Die Kommission ist der Ansicht, dass die israelischen Streitkräfte ihre Pläne hätten überdenken sollen, als offensichtlich wurde, dass die Enterung des Schiffs durch Soldaten zu Zivilopfern führen könnte.

(ii) Landung von Soldaten auf der Mavi Marmara vom Helikopter aus

114. Minuten nachdem Soldaten von Schlauchbooten aus anfängliche erfolglose Versuche zum Entern gemacht hatten, näherte sich der erste Helikopter dem Schiff gegen 4:30 Uhr und schwebte über dem Oberdeck. Zu diesem Zeitpunkt befanden sich zwischen 10 und 20 Passagiere im mittleren Bereich des Oberdecks, wobei die Zahl zunahm, weil andere Passagiere von den Ereignissen auf dem Oberdeck erfuhren. Die israelischen Streitkräfte setzten Rauch- und Blendgranaten ein und versuchten damit das Gebiet für die Landung der Soldaten frei zu bekommen. Das erste Seil, das vom Helikopter herabgelassen wurde, wurde von Passagieren ergriffen und an einem Teil des Oberdecks befestigt, wodurch es für den Abstieg der Soldaten unbrauchbar wurde. Ein zweites Seil wurde dann vom Helikop-

---

[86] Es ist hinzuweisen auf das Rundschreiben der Internationalen Seeorganisation – „Richtlinien an Schiffseigner und Schiffsbetreiber, Schiffsführer und Besatzung über die Verhütung und Verhinderung von Akten der Piraterie und bewaffneten Raubes gegen Schiffe" vom Juni 2009; hierin wird der Gebrauch von Wasserspritzen empfohlen als Mittel zur Verhinderung von Enterungsversuchen von Piraten und bewaffneten Räubern. IMO Rundschreiben Msc.1/Circ.1334, vom 23. 6. 2009, Annex, para.57 sagt Folgendes: „Der Gebrauch von Wasserspritzen muss auch in Betracht gezogen werden, obwohl das Zielen schwierig sein kann, wenn gleichzeitig Ausweichmanöver stattfinden. Wasserdrücke über 80 psi (pound/sqare inch) haben Angreifer abgeschreckt und zurückgeschlagen. Aber nicht nur der Angreifer hat gegen den Wasserstrahl zu kämpfen, das Wasser kann auch das Boot überschwemmen und Maschinen und elektrisches System beschädigen. Besondere Bedienungsvorrichtungen sollten angebracht werden, die auch dem Anwender Schutz bieten. Man könnte eine Anzahl zusätzlicher Wasserspritzen montieren, die schnell auf Druck gebracht werden können, wenn ein möglicher Angriff entdeckt wird.

ter herabgelassen und die erste Gruppe Soldaten seilte sich ab. Die Kommission hält es nicht für plausibel, dass die Soldaten beim Abseilen die Waffen in Schussbereitschaft hielten und schossen. Es wird daher angenommen, dass vor dem Abstieg der Soldaten vom Helikopter aus mit scharfer Munition auf das Deck geschossen wurde.

115. Mit den verfügbaren Beweismitteln ist es schwierig, die genaue Abfolge der Ereignisse auf dem Oberdeck dazustellen zwischen dem Zeitpunkt des Abstiegs des ersten Soldaten und dem Zeitpunkt, da die israelischen Streitkräfte die Kontrolle über das Deck erlangten. Zwischen Passagieren und den ersten abgeseilten Soldaten kam es auf dem Oberdeck zu einem Kampf, dessen Ergebnis war, dass mindestens zwei Soldaten auf das Deck darunter gestoßen wurden; dort wurden sie von Gruppen von Passagieren in einen Kampf verwickelt, wobei versucht wurde, sie zu entwaffnen. Mindestens ein Soldat verlor seine Kampfjacke, als er über den Rand des Decks gestoßen wurde. Die Passagiere konnten den Soldaten etliche Waffen entreißen und über Bord werfen; eine 9 mm-Pistole wurde von einem Passagier, einem ehemaligen US-Marine, vor Zeugen entladen und dann in einem anderen Teil des Schiffes versteckt, um Beweismittel zu sichern.

116. Einige Passagiere auf dem Oberdeck bekämpften die Soldaten mit ihren Fäusten, Stöcken, Metallstangen und Messern.[87] Mindestens ein Soldat erlitt mit einem Messer oder mit einem anderen scharfen Gegenstand eine Stichverletzung. Zeugen informierten die Kommission, ihr Ziel sei es gewesen, die Soldaten zu überwältigen und zu entwaffnen, so dass sie niemanden verletzen konnten. Die Kommission hat überzeugenden Beweis dafür, dass mindestens zwei Passagiere auf dem Brückendeck Handschleudern benutzten, um Helikopter mit kleinen Projektilen zu beschießen. Die Kommission fand keinerlei Beweis für die Annahme, irgendeiner der Passagiere habe Feuerwaffen benutzt oder dass Feuerwaffen mit an Bord gebracht worden seien. Trotz entsprechender Ersuchen hat die Kommission von den israelischen Behörden keinerlei ärztliche Befunde oder an-

---

[87] Die Kommission hat keinerlei Beweis dafür gefunden, dass von Passagieren Messer an Bord genommen wurden, außer einem, das für traditionelle zermonielle Zwecke bestimmt war. Jedoch hatte die *Mavi Marmara* 6 Küchen an Bord, in jeder gab es die üblichen Küchenmesser.

dere substantiierte Informationen in Bezug auf Schusswaffenverlet-
zungen erhalten, die Soldaten bei der Teilnahme an dem Überfall erlitten hätten. Ärzte untersuchten die drei Soldaten, die unter Deck
geschafft wurden, und stellten keine Schussverletzungen fest. Außerdem ist die Kommission der Ansicht, dass die israelische Berichte in
Bezug auf Beweis behaupteter Schussverletzungen an israelischen
Soldaten derart uneinheitlich und widersprüchlich sind, dass sie zu-
rückgewiesen werden müssen.[88]

(iii) Tod von 9 Passagieren und Verwundung von mindestens 50 anderen

117.   Während der Operation, die Kontrolle über das Oberdeck zu sichern, landeten israelische Streikräfte Soldaten von 3 Helikoptern
in einem Zeitraum von 15 Minuten.[89]
Die israelischen Kräfte benutzten Farb-, Druck- und Gummigeschosse und scharfe Munition, diese auch abgefeuert vom Helikopter
über den Soldaten, die auf Deck gelandet waren. Durch den Einsatz
scharfer Munition in dieser Phase starben 4 Passagiere[90] und mindestens 19 erlitten Verletzungen, 14 davon Schusswunden. Es gab nur
wenige und zudem enge Fluchtwege vom Top-Deck auf das Brückendeck, so dass die Passagiere in diesem Bereich kaum die Möglichkeit hatten, dem Kugelhagel zu entkommen. Mindestens einer
der Getöteten machte gerade Videoaufnahmen und war in keiner
Weise an dem Kampf mit den Soldaten beteiligt. In der Mehrzahl
erlitten die Passagiere auf dem Top-Deck Schüsse in Brust, Kopf,
Bauch und Rücken. In Anbetracht der geringen Zahl von Passagieren, die sich während dieser Ereignisse auf dem Top-Deck befanden,
müssen die Kommissionsmitglieder annehmen, dass die meisten von
ihnen von Schüssen getroffen wurden.

118.   Israelische Soldaten schossen weiter auf Passagiere, die bereits verwundet waren, und zwar mit scharfer Munition, Soft- und Plastikge-
schossen. Eine gerichtsmedizinische Analyse ergab Befunde, wonach

---

[88]   In seiner Aussage vor der israelischen Turkel-Kommission am 11.8.10 (i.folg.
„Turkel-Kommission") erklärte Generalstabschef (i.f. COGS) Gabi Ashkenazi,
„ein Soldat sei von einem Aktivisten in den Bauch geschossen worden".
[89]   Turkel-Kommission: COGS Ashkenazi erklärte, dass der erste Helikopter 15
Soldaten, der zweite 12 und der dritte 14 Soldaten an Bord hatte.
[90]   Fahri Yaldiz, Furkan Doğan, Ibrahim Bilgen und Ali Heyder Bengi

auf dem Oberdeck auf zwei Passagiere aus kurzer Distanz tödliche Schüsse abgegeben wurden, als sie schon am Boden lagen: Furkan Doğan erlitt einen Schuss ins Gesicht und Ibrahim Bilgen erlitt eine tödliche Schusswunde von einem Softgeschoss (Beanbag), das aus so kurzer Distanz auf seinen Kopf abgefeuert war, dass Teile – wie Wattierung – durch seinen Schädel in das Gehirn eindrangen. Darüber hinaus wurde gegen einige Verwundete weitere Gewalt ausgeübt, wie Schläge mit dem Gewehrkolben, Tritte gegen Kopf, Brust und Rücken und verbaler Missbrauch. Etliche verwundete Passagiere wurden an den Händen gefesselt und blieben eine Zeit lang unversorgt, bevor sie an Händen oder Füßen zum Vorderdeck geschleift wurden.

119. Als die israelischen Soldaten das Oberdeck sicher unter Kontrolle hatten, rückten sie nach unten auf das Brückendeck vor, um die Brücke und damit das ganze Schiff zu übernehmen. Im Zusammenhang damit setzten sie Schusswaffen bei verschiedenen Zwischenfällen ein, und zwar konzentriert auf den Backbord-Türgang. Bei dieser Operation kam es mehrmals zum Gebrauch der Schusswaffen, vor allem am Backbord-Eingang zur Haupttreppe, die aufs Brückendeck führt. Diese Tür befindet sich in der Nähe von Luke und Leiter, die das Oberdeck mit dem Brückendeck verbindet.

120. Israelische Soldaten feuerten mit scharfer Munition vom Oberdeck auf Passagiere auf dem Brückendeck darunter und auch, als sie das Brückendeck erreicht hatten, schossen sie weiter. Mindestens vier Passagiere wurden getötet[91] und mindestens neun verletzt (5 davon mit Schussverletzungen). Ein Fotograf machte zu dieser Zeit gerade Fotos und wurde von einem israelischen Soldaten vom Oberdeck darüber erschossen; keiner der 4 Erschossenen stellte irgendeine Gefahr für die israelischen Soldaten dar. Es gab beträchtliches Feuer von Soldaten auf dem Oberdeck, und eine Anzahl Passagiere wurde verletzt oder getötet während des Versuchs, Schutz im Innern zu suchen oder anderen dabei zu helfen. Verletzte Passagiere gelangten ins Schiffsinnere über das Treppenhaus und die Brücke. Man half ihnen hinunter, wo sie medizinische Hilfe durch Ärzte und andere an Bord erhielten.

---

[91]   Cevdet Kiliçlar, Cengez Songür, Cengez Akayüz und Çetin Topçuoğlu

121. Ein Zeuge beschreibt die Umstände, unter denen ein Passagier auf dem Brückendeck getötet wurde:

> „Ich sah zwei Soldaten auf dem Oberdeck stehen, sie hielten ihre Gewehre nach unten gerichtet auf etwas, was ich nicht sehen konnte. Dort waren zwei Männer, versteckt unter einer Gangway auf der rechten Seite; ich rief ihnen hinüber, sich nicht zu bewegen. Die zwei Passagiere waren unterhalb der Soldaten. Sie konnten die Soldaten nicht sehen und diese sie auch nicht, solange sie unter der Gangway verborgen waren. Dann kamen sie aber heraus und versuchten, in Richtung Eisentür zu rennen. Der eine schaffte es, die Tür zu öffnen und verschwand nach innen. Der andere muss getroffen worden sein. Ich glaube, er hat einen Kopfschuss abgekriegt, so wie er aussah; er rührte sich überhaupt nicht mehr. Er war etwa 20 oder 30 Meter von mir weg. Als der zweite Mann getroffen wurde, öffnete der erste die Tür, wobei er die Tür als Schutzschild benutzte, und versuchte, zu ihm zu gelangen. Das schaffte er auch und packte ihn am rechten Arm. Ich konnte kein Blut entdecken, aber er rührte sich kein bisschen mehr."

122. Eine Gruppe von 20 Passagieren – einige hielten Stöcke und Stangen und trugen Gasmasken – befand sich auf oder bei dem Treppenraum im Innern des Schiffes. Ein Passagier, der innen an einer Tür stand, wurde durch das zerbrochene Fenster in der Tür von einem Soldaten erschossen, der wenige Meter entfernt auf dem Brückendeck außen stand.

123. Aufgrund des Gewehrfeuers auf dem Brückendeck und als deutlich wurde, dass eine große Zahl von Passagieren verletzt worden war, zog Bulent Yildirim, der Präsident des IHH, sein weißes T-Shirt aus, und dies wurde als weiße Fahne zum Zeichen der Aufgabe verwendet. Anscheinend hat dies keinerlei Wirkung gehabt, und das Schießen auf dem Schiff wurde fortgesetzt.

124. Die israelischen Kräfte bewegten sich schnell vom Brückendeck herab, um den Brückenraum in Richtung Schiffsfront zu übernehmen. Der Türeingang und die Fenster der Brücke kamen unter Feuer, und der Schiffskapitän ordnete an, die Maschinen zu stoppen. Israelische

Soldaten drangen durch die Tür und ein zerbrochenes Fenster in die Brücke ein. Die Mannschaft wurde mit vorgehaltener Waffe gezwungen, sich auf den Boden zu legen, der Kapitän durfte stehen bleiben.

(iv) Schusswechsel am Vorderdeck, Freilassung der israelischen Soldaten und das Ende der Operation

125. Während des anfänglichen Kampfes auf dem Oberdeck wurden drei israelische Soldaten gefangen genommen und ins Innere des Schiffs gebracht. Einige Passagiere wollten diesen Soldaten Gewalt antun, andere Passagiere beschützten sie, und die Soldaten erhielten medizinische Grundversorgung von den Ärzten an Bord. Zwei der Soldaten waren am Bauch verwundet, einer der Soldaten hatte eine oberflächliche Wunde am Unterbauch von einem scharfen Objekt, das das Oberhautgewebe verletzt hatte. Keiner der drei Soldaten hatte nach Aussagen der sie untersuchenden Ärzte Schusswunden. Alle drei Soldaten waren in einem Schockzustand und litten unter Schnittwunden, Abschürfungen und Wunden von stumpfer Gewalt.

126. Als der Ernst der Ereignisse auf den Außendecks klar wurde, wuchs die Sorge bei einigen der Organisatoren der Flottille, das weitere Festhalten der israelischen Soldaten könnte ernste Auswirkungen für die Sicherheit aller Passagiere an Bord mit sich bringen.[92] Es wurde also beschlossen, die Soldaten freizulassen, und sie wurden vom Unterdeck auf das Vordeck gebracht. Sofort sprangen zwei Soldaten über Bord und wurden von israelischen Booten aufgegriffen. Der dritte sprang nicht, sogleich kamen israelische Soldaten vom Oberdeck zu ihm herunter.

127. Mindestens vier Passagiere wurden auf dem Vordeck verletzt, sowohl vorher als auch um die Zeit herum, als die israelischen Soldaten frei-

---

[92] Tatsächlich planten die israelischen Kräfte anscheinend, die Schiffskabinen nach den drei Soldaten zu durchsuchen: In seiner Aussage vor der Turkel-Kommission äußerte COGS Ashkenazi: „Als die israelischen Streitkräfte die drei Soldaten auf dem Vordeck entdeckten, bereitete der Einsatzleiter schon eine Stürmung der Passagierräume vor, um die vermissten Soldaten ausfindig zu machen".

gelassen wurden. Mindestens zwei Passagiere erlitten Schussverletzungen, während andere verletzt wurden durch Softgeschosse, darunter ein Arzt, der sich um verletzte Passagiere kümmerte.

128. Die israelischen Kräfte stellten das Ende der aktiven Phase der Operation für 05.17 Uhr fest,[93] da befand sich das Schiff unter ihrer Kontrolle und die drei Soldaten waren freigelassen. Während der 40- bis
50-minütigen Operation wurden neun Passagiere getötet, mehr als
24 Passagiere erlitten schwere Verletzungen durch scharfe Munition,
außerdem gab es viele Verletzungen durch Plastik-, Softgeschosse
und mehr.

ÜBERSICHT – TODESOPFER UNTER DEN TEILNEHMERN DER FLOTTILLE

Die Todesopfer vom Oberdeck (Dach)

FURKAN DOĞAN

Furkan Doğan, ein 19-Jähriger mit türkischer und US-Staatsangehö-
rigkeit, war auf dem mittleren Bereich des Oberdecks und filmte mit
einer kleinen Videokamera, als er zum ersten Mal von einem Schuss
mit scharfer Munition getroffen wurde. Anscheinend lag er bei Be-
wusstsein oder Teilbewusstsein für einige Zeit auf dem Deck. Insgesamt erhielt Furkan fünf Schüsse ins Gesicht, Kopf, Thoraxrück-
seite, linkes Bein und in den Fuß. Alle Einschüsse waren auf dem
Rücken mit Ausnahme eines Einschusses im Gesicht rechts neben
der Nase. Nach gerichtsmedizinischer Analyse zeigt die Einschwär-
zung der Wunde im Gesicht, dass der Schuss aus kürzester Entfernung gefeuert worden ist. Ferner deutet die Schussrichtung (von
unten nach oben) und der Schussverlauf an der Wunde, zusammen

---

[93]   Laut COGS Ashkenazi in seiner Aussage vor der Turkel-Kommission

mit einer Vital-Schürfung an der linken Schulter – die vermutlich die Ausschussstelle darstellt – darauf hin, dass der Schuss abgegeben wurde, als er mit dem Rücken auf dem Boden lag. Die anderen Wunden wurden nicht in direktem oder annäherndem Kontakt oder als Nahschüsse abgegeben, im übrigen lässt sich die exakte Entfernung nicht bestimmen. Die Wunden an Bein und Fuß hat er sehr wahrscheinlich in stehender Position erlitten.

IBRAHIM BILGEN

Ibrahim Bilgen, ein 60-jähriger Türke aus Siirt in der Türkei war auf dem Oberdeck und war einer der ersten Passagiere, die erschossen wurden. Er wurde von einer Kugel in die Brust getroffen. Die Schussrichtung war von oben und nicht aus kurzer Entfernung. Er hatte ferner zwei Schusswunden am Rücken, der rechten Seite und dem rechtem Gesäß, beide mit Schusskanal dorsal-ventral. Diese Wunden hätten nicht den sofortigen Tod verursacht, er wäre aber ohne medizinische Versorgung innerhalb kurzer Zeit verblutet. Gerichtsmedizinische Beweise zeigen, dass er von der Seite von einem Softgeschoss im Kopf getroffen wurde aus solch geringer Distanz, dass ein komplettes Softgeschoss (bean bag) samt seiner Wattierung den Schädelknochen durchschlug und im Gehirn stecken blieb. Er hatte ferner eine Abschürfung an der rechten Seite, vermutlich eine andere Beanbag-Verletzung. Die Wunden legen nahe, dass das Opfer von einem Soldaten von Bord des Helikopters über ihm beschossen wurde und dass er weitere Wunden und Verletzungen am Kopf erlitt, als er bereits verwundet auf dem Boden lag.

FAHRI YALDIZ

Fahri Yaldiz, ein 22-jähriger türkischer Staatsangehöriger aus Adiyaman, erlitt fünf Schussverletzungen, eine in die Brust, eine am linken Bein und drei am rechten Bein. Die Brustverletzung wurde durch eine Kugel verursacht, die nahe der rechten Brustwarze eindrang und Herz und Lungen traf, bevor sie aus der Schulter wieder austrat. Die Wunde hätte zum baldigen Tod geführt.

ALI HEYDER BENGI

Laut Bericht des Pathologen wurde Ali Heyder Bengi, ein 38-jähriger türkischer Staatsangehöriger aus Diyarbakir, von 6 Kugeln getroffen, eine in die Brust, eine in den Bauch, eine in den rechten Arm, eine in die rechte Hüfte und zwei in die linke Hand. Eine Kugel steckte im Brustraum. Keine der Wunden hätte sofort zum Tode geführt, aber die Verletzung der Leber verursachte eine – ohne sofortige Blutstillung – tödliche Blutung. Es gibt mehrere Zeugenaussagen, die nahelegen, dass die israelischen Soldaten das Opfer – während es nach Empfang der ersten Schusswunden schon an Deck lag – aus kurzer Entfernung in Rücken und Brust geschossen haben.

Todesopfer auf dem Brückendeck, Backbordseite

CEVDET KILIÇLAR

Cevdet Kiliçlar, ein 38-jähriger Türke aus Istanbul, war auf der *Mavi Marmara* als Fotograf im Auftrage des IHH. Als er erschossen wurde, stand er auf dem Brückendeck backbord nahe der Tür zum mittleren Treppenhaus und versuchte, israelische Soldaten auf dem Oberdeck zu fotografieren. Nach dem Pathologie-Bericht erhielt er einen einzigen Schuss in die Stirn zwischen die Augen. Die Kugel verlief in einem horizontalen Schusskanal und drang mitten durchs Gehirn von der Stirn zum Hinterkopf. Er muss augenblicklich tot gewesen sein.

CENGIZ AKYÜZ UND CENGIZ SONGÜR

Der 41 Jahre alte Cengiz Akyüz aus Hatay und der 46 Jahre alte Cengiz Songür aus Izmir, beide türkische Staatsangehörige, wurden auf dem Brückendeck kurz nacheinander von oben erschossen. Sie hatten Schutz gesucht und wurden bei dem Versuch erschossen, durch die Tür zum Treppenhaus zu entkommen. Cengiz Akyüz erhielt einen Kopfschuss und starb vermutlich augenblicklich.

Der pathologische Bericht zählt folgende Einschüsse auf: in den Nacken, das Gesicht, die Brust und den Oberschenkel. Cengiz Songür wurde von einer einzigen Kugel in die Brustmitte unter dem Hals in einem Einschusswinkel von oben nach unten getroffen, die Kugel steckte in der rechten Thoraxhöhle und hatte Herz und Aorta verletzt. Die Ärzte im Schiffsinnern unternahmen vergebliche Versuche, ihn durch Herzmassage wiederzubeleben.

ÇETIN TOPÇUOĞLU

Çetin Topçuoğlu, ein 54-jähriger Türke aus Adana hatte geholfen, verletzte Passagiere zur Behandlung ins Schiffsinnere zu bringen. Er wurde auch nahe der Tür zum Brückendeck erschossen. Er starb nicht sofort, seine Frau – die ebenfalls an Bord war – war bei ihm, als er starb. Er wurde durch drei Kugeln getroffen, eine drang von oben her ins weiche Gewebe an der rechten Kopfseite ein, verlief zum Nacken und prallte zurück in den Thorax. Eine andere Kugel traf die linke Gesäßbacke und steckte rechts im Becken. Die dritte trat in der rechten Leistengegend ein und am Rücken unten aus. Es gibt Anzeichen dafür, dass das Opfer in kriechender oder gebückter Position getroffen wurde.

Todesopfer und erheblich Verletzte
von unbekannten Tatorten

NECDET YILDIRIM

Es blieb unklar, wo und unter welchen Umständen Necdet Yildirim, ein 31-jähriger türkischer Staatsangehöriger aus Istanbul, erschossen wurde. Er erhielt zwei Schüsse in die Brust, einmal von vorne und einmal von hinten. Die Schussbahn beider Kugeln war von oben nach unten. Er wies auch Prellungen auf, die zu Treffern von Plastikkugeln passen.

> *Verletzung von Uğur Suleyman Söylemez (liegt im Koma)*
>
> Aufgrund schwerer Verletzungen, die Uğur Suleyman Söylemez, ein 46-jähriger Türke aus Ankara, erlitt – davon mindestens ein Kopf-schuss – liegt dieser noch jetzt in einem Krankenhaus in Ankara. Die Kopfverletzung ist ernst und sein Zustand ist weiterhin kritisch.

(v) Die Behandlung der Verletzten auf der Mavi Marmara

129. Während die israelische Operation noch im Gange war, bemühten sich andere Passagiere um die Verwundeten im Schiffsinnern; unter ihnen waren Ärzte (u.a. ein Augenarzt und ein Orthopäde), Kran-kenschwestern und andere medizinisch Ausgebildete, insgesamt etwa 15 Personen. Vor dem Angriff hatten die Ärzte bei einem Treffen be-schlossen, den kleinen Medizinalraum des Schiffes zu nutzen, man hatte aber keine Vorstellung gehabt von der Art der späteren Ver-letzungen und sich nicht entsprechend vorbereitet. Die begrenzten medizischen Hilfsmittel und der Mangel an Ausrüstung machten die angemessene Behandlung der Verletzten sehr schwierig, inbesondere jener, die mit scharfer Munition verletzt wurden und sofort chir-urgisch versorgt werden mussten. Am Ende der israelischen Opera-tion waren mehr als 30 Personen im Schiffsinnern behandelt worden, hauptsächlich im unteren Deck in provisorischen Behandlungsbe-reichen; 20 Verletzte waren in kritischem Zustand.

130. Die Organisatoren der Flottille und andere Passagiere bemühten sich darum, das israelische Militär zu der notwendigen ärztlichen Be-handlung der Verwundeten zu bewegen. Ein Organisator benutzte die Lautsprecheranlage des Schiffs und bat auf Hebräisch um Hilfe, andere Personen machten sich direkt durch Kabinenfenster be-merkbar oder brachten Schilder auf Englisch und Hebräisch an den Schiffsfenstern an. Diese Hilferufe blieben erfolglos, und es dauerte bis zu zwei Stunden, bis das israelische Militär die verletzten Perso-nen abtransportierte. Die Verletzten wurden aufgefordert, die Kabi-nen selbst zu verlassen oder in grober Art und Weise herausgebracht, offensichtlich ohne Rücksicht auf die Art ihrer Verletzungen und die hiermit verbundenen Beschwerden.

131. Die verletzten Passagiere wurden auf die Vorderseite des Oberdecks gebracht, wo sie auf jene trafen, die während der Operation auf dem Oberdeck verwundet worden waren, und wo auch die Leichen der Erschossenen lagen. Verletzte Passagiere, auch Verletzte mit Schusswunden, wurden mit Plastikbändern an den Händen gefesselt, und zwar oft so eng, dass einige der Verletzten das Gefühl in ihren Händen verloren. Die Plastik-Handfesseln können zwar festgezurrt, aber nicht gelockert werden, ohne sie zu zerschneiden. Viele Verletzte wurden nackt ausgezogen und hatten dann zu warten, möglicherweise 2 – 3 Stunden lang, bevor sie medizinisch behandelt wurden. Medizinische Behandlung wurde einer Anzahl verletzter Personen auf dem Top-Deck durch israelische Kräfte gewährt.[94]

Allerdings blieben Verwundete auch an Bord der *Mavi Marmara*, mindestens einer hatte Schussverletzungen und erhielt keine angemessene medizinische Versorgung bis zur Ankunft des Schiffs im Hafen von Ashdod in Israel mehrere Stunden später.

132. Über mehrere Stunden wurden die verletzten Passagiere durch israelische Helikopter in Krankenhäuser in Israel gebracht.[95]

(vi) Festnahme der Passagiere der Mavi Marmara

133. Alle anderen Passagiere auf der *Mavi Marmara* wurden einer nach dem anderen aus dem Kabinenbereich auf die äußeren Decks gebracht und durchsucht. Die große Mehrzahl der Passagiere, Kapitän und Besatzung eingeschlossen, wurde an den Händen mit Plastikbändern gefesselt, sie mussten sich hinknien und blieben einige Stunden lang auf verschiedenen Decks. Einige Frauen, ältere Männer und Personen aus westlichen Ländern wurden nicht gefesselt oder nur für kurze Zeit und konnten dann auf Bänken sitzen. Die meisten der Knienden wurden durchnässt vom Wasser, das die Helikopter-Rotoren aufwirbelten, sie mussten in ihrer nassen Kleidung ausharren und froren sehr, andere Passagiere waren auf den offenen Decks der Sonne ausgesetzt und erlitten schwere Sonnenbrände auf der Haut

---

[94] Nach Aussage von COGS Ashkenazi vor der Turkel-Kommission wurden an Bord 14 Passagiere militärärztlich behandelt.

[95] Derselbe ferner: Es wurden 31 verletzte Passagiere und 7 verletzte israelische Soldaten in ca. 40 Evakuierungsflügen per Helikopter ausgeflogen. Der Abtransport aller Verwundeten war um 12.30 Uhr abgeschlossen.

aufgrund der mehrstündigen Sonnenbestrahlung: Ärztliche Berichte zeigen, dass mindestens 13 Personen Verbrennungen 1. Grades hierdurch erlitten haben. Im Verlauf der zwölfstündigen Fahrt zum Hafen Ashdod in Israel wurden die Passagiere ins Schiffsinnere gebracht und durften auf den vorhandenen Sitzgelegenheiten Platz nehmen.

134. Die Passagiere wurden im Gewahrsam des israelischen Militärs und, während sie auf den Außendecks mehrere Stunden lang knieten, von diesen körperlich mißhandelt, auch durch Tritte, Schläge und Gewehrkolbenstöße. Ein Auslandskorrespondent, der im beruflichen Einsatz an Bord war, wurde zu Boden geworfen, getreten und geschlagen, bevor er Handfesseln erhielt. Die Passagiere durften weder sprechen noch sich bewegen und wurden oft beschimpft, weibliche Passagiere auch mit herabsetzenden sexuellen Bemerkungen. Passagieren wurde der Besuch der Toilette verweigert oder man ließ sie über längere Zeiträume warten, bevor sie zur Toilette geführt wurden. Sie mussten die Toilette benutzen im Beisein eines zusehenden israelischen Soldaten und mit gefesselten Händen. Dies hat einige Passagier außerordentlich belästigt; andere improvisierten Behälter (wie Plastikflaschen) für die Notdurft. Andere wurden gezwungen, den Urin an sich ablaufen zu lassen. Die Israelis setzten auch Hunde ein, und einige Passagiere erlitten Hundebisse. Einige Zeugen mit chronischen Leiden, wie Diabetes oder Herzleiden, erhielten keinen Zugang zu ihrer Medizin; sie war ihnen von israelischen Soldaten abgenommen worden war.

135. Die Art, wie die Plastikfesseln an den Gelenken der Passagiere angebracht wurden, verursachte heftige Schmerzen und Beschwerden. Missbrauch durch Fesselung war bei den israelischen Soldaten stark verbreitet – die Fesseln wurden so festgezogen, dass es weh tat, Schwellungen verursachte, so dass die Hände mangels Blutzirkulation „abstarben" und Hände und Finger gefühllos wurden. Die meisten Passagiere, die um Lockerung der Handfesseln baten, wurden übersehen oder es führte sogar dazu, dass die Handfesseln noch fester gezogen wurden. Aufgrund dieser Handfesselung haben noch jetzt – drei Monate später – einige Passagiere gesundheitliche Probleme, und gerichtsmedizinische Berichte bestätigen, dass mindestens 54 Passagiere hierdurch Verletzungen, transversale Abschürfungen und Prellungen an Bord der *Mavi Marmara* erlitten haben.

(c) Ereignisse an Bord der Challenger I

136.   Passagiere und Mannschaft auf der *Challenger I*, dem kleinsten und
schnellsten Boot der Flottille, konnten die ersten Augenblicke des
Angriffs auf die *Mavi Marmara* beobachten. Als klar wurde, dass die
Israelis die Schiffe in ihre Gewalt bringen wollten, wurde beschlossen, die *Challenger I* zu beschleunigen und den Verband der Flottille zu verlassen, damit die Journalisten an Bord Zeit gewännen, die
Nachricht über den Angriff mittels des an Bord noch funktionieren-
den Satelliten-Internetanschlusses an die Außenwelt zu übertragen,
aber auch in der Hoffnung, dass wenigstens ein Boot Gaza erreichen
könnte. Das Boot wurde von einer israelischen Korvette verfolgt und
dieser konnte sie nicht entkommen. Bald verlor die Steuerbordma-
schine Öldruck, und weil der Kapitän befürchtete, die Israelis könnten das Boot rammen, stoppte er die Maschine.

137.   Das Boot wurde durch zwei israelische Boote und einen Helikopter
abgefangen. Passagiere sagten aus, dass mindestens eine Blendgranate
von den Israelis abgefeuert worden sei, bevor sie es zu entern versuchten. Die Passagiere auf den Decks hatten sich vorher verabredet,
gegen das Entern durch israelische Soldaten wenigstens symbolisch
passiven Widerstand zu leisten. Die Passagiere standen unbewaffnet
nebeneinander und versperrten den Soldaten den Weg. Die Soldaten eröffneten das Feuer mit Farb- und Gummigeschossen, als sie an
Bord kamen, und trafen und verletzten eine Frau im Gesicht mit einem Plastik- oder Farbgeschoss. Eine andere Frau erlitt am Rücken
eine Prellung durch Gummigeschosse.

138.   Die Soldaten versuchten dann, die Kontrolle über die Außensteu-
erbrücke zu gewinnen. Die Passagiere stellten sich in den Weg und
wurden mit Gewalt entfernt. Als die Israelis die Brücke erreichten,
wurde kein Widerstand mehr geleistet, gleichwohl erlitt eine Journa-
listin Verbrennungen an ihren Armen durch die Elektroschockwaffe
eines israelischen Soldaten. Laut Augenzeugenberichten waren die
israelischen Soldaten in erster Linie daran interessiert, Filmausrüs-
tung und andere Medien zu beschlagnahmen. Den Passagieren wurden die Arme hinter dem Rücken eng mit Plastikbändern gefesselt,
die am Gesicht verletzte Frau erhielt keine Behandlung.

139.   Dem von den Passagieren geleisteten Widerstand wurde mit Gewalt begegnet. Eine Frau wurde mit dem Kopf auf den Deckboden gestoßen, anschließend trat ihr ein israelischer Soldat auf den Kopf. Den Passagieren wurden die Arme hinter dem Rücken eng mit Plastikbändern gefesselt; die am Gesicht verletzte Frau erhielt keine medizinische Behandlung.

140.   Einige Passagiere äußerten, die israelische Soldaten hätten klar gewusst, wer an Bord war, denn sie hätten einige Passagiere mit Namen genannt. Ein laminiertes Büchlein, das von einem israelischen Soldaten stammte und auf der *Mavi Marmara* gefilmt worden war, identifizierte bestimmte Passagiere auf verschiedenen Schiffen einschließlich der *Challenger I* mit Namen und Fotos.

141.   Einige Besatzungsmitglieder bemerkten, die Soldaten seien sehr jung gewesen und schienen verängstigt und zumindest anfangs schlecht organisiert. Von Anfang an verhielten sich die Soldaten aggressiv gegenüber den Passagieren. Passagiere wurden mit Plastikbändern an den Händen gefesselt und konnten nicht zur Toilette. Ein älterer Mann war gezwungen, in seine Kleidern zu urinieren, ihm wurde der Zugang zur Toilette verweigert. Es gab einen Versuch, eine Frau mit Gewalt vom Boot über Bord in eines der Schlauchboote zu werfen. Zwei Frauen wurden für längere Zeit Jutesäcke über den Kopf gezogen. Die Frauen, die zu Beginn der Enterung im Gesicht verletzt worden waren, blieben für eine ausgedehnte Zeit unbehandelt, obwohl ein Armeemediziner an Bord war. Die physische Gewalt wurde als ungerechtfertigt und exzessiv bezeichnet. Es wurde kein Unterschied gemacht zwischen Aktivisten und Journalisten, obwohl mehrere bekannte internationale Journalisten an Bord waren.

142.   Das Boot erreichte Ashdod am 31. Mai gegen 11.00 Uhr. Einige Passagiere bildeten eine Kette, indem sie sich gegenseitig an den Armen fassten, weil sie sich nicht von Bord bringen lassen wollten, und protestierten, dass sie gegen ihren Willen aus internationalen Gewässern nach Israel verbracht worden waren. Zwei weibliche Passagiere wurden an den Händen gefesselt und gewaltsam von Bord gebracht, während ein männlicher Passagier mit einer gezückten Elektroschockwaffe bedroht wurde. Die Passagiere wurden ein-

zeln nacheinander von Bord geführt, in Begleitung von jeweils von zwei israelischen Offizieren.

143. Die Enterung der *Sfendoni* fand gleichzeitig mit dem Angriff auf die *Mavi Marmara* statt. Die Soldaten konnten auf direktem Wege ohne Hilfe von Enterhaken oder anderer Ausrüstung von ihren Schlauchbooten an Bord gelangen. Davor feuerten die Soldaten einige Blendgranaten, Plastik- und Farbgeschosse auf das Boot: Mindestens zwei Passagiere wurden getroffen, einer am Hinterkopf. Laut Aussage des Arztes an Bord landete eine Blendgranate auf eng besetztem Raum der Brücke, verletzte eine Anzahl Leute und verursachte bei einem Mann einen Hörschaden.

144. Als sie an Bord waren, drangen die Soldaten zur Schiffsbrücke vor. Die Passagiere hatten vor, auf den Decks sitzend passiven Widerstand zu leisten, tatsächlich wurde der Plan aber nur teilweise umgesetzt. Viele der Passagiere, einschließlich der älteren, hielten sich unter Deck im Haupt-Aufenthaltsraum auf.
    Auf Deck hielten die Passagiere sich an den Armen rund um die Brücke. Die Israelis gingen mit Elektroschockwaffen gegen sie vor und machten den Zugang frei. Ein Arzt, der auf diese Weise verletzt wurde, behandelte später zahlreiche Elektro – Verbrennungen bei Passagieren. Als zwei Israelis die Brücke betraten, hielt ein Besatzungsmitglied das Steuer fest und protestierte, das Boot befinde sich in internationalen Gewässern. Ein Soldat schlug ihn mit dem Gewehrkolben und in der anschließenden Rauferei wurde der Kapitän in den Rücken getreten, mehrmals ins Gesicht geschlagen und erhielt Verbrennungen von einer Schockwaffe.

145. Nachdem das Boot schon unter Kontrolle war, wurde ein Passagier brutal behandelt und an Händen und Füßen mit Plastikbändern gefesselt. Er schrie unter Protest und weil die Fesseln zu eng waren. Aufgrund des Protestes eines Arztes wurden die Fesseln entfernt. Der Mann rannte los und sprang über Bord. Er wurde später von einem anderen Boot aufgenommen.

146. Nachdem das Schiff unter israelischer Kontrolle war, mussten sich die Passagiere auf den Boden setzen. Einige Passagiere wurden in der Anfangszeit mit Plastikbändern gefesselt, die meisten aber nicht. Die Soldaten versuchten einen Arzt an der Behandlung von verletzten Passagieren zu hindern, und sagten, der Militärarzt an Bord würde sie behandeln. Aber da er maskiert war und Waffen wie jeder andere Soldat trug, gab kein Passagier hierzu seine Zustimmung. Der Arzt an Bord erklärte, wenn sie ihn an der Erfüllung seiner Pflicht hindern wollten, müssten sie ihn erschießen.

147. Die Passagiere wurden nacheinander durchsucht und in den Hauptsalon geführt. Sie berichteten, der Gang zur Toilette und die Versorgung mit Trinkwasser sei ihnen nur unter Schwierigkeiten und erst auf wiederholtes Bitten erlaubt worden, und auch nicht allen Passagieren. Sie durften sich etwas zu essen machen, aber sie aßen erst, als ein Kameramann der Armee seine für Propaganda bestimmten Aufnahmen abbrach. Augenzeugen berichteten, die Soldaten seien die ganze Zeit aggressiv gewesen und hätten mit gezückter Waffe herumgebrüllt, aber ansonsten sei niemand misshandelt oder weitergehenden Einschränkungen unterworfen worden.

(e) Ereignisse an Bord der Eleftheri Mesogios

148. Die israelischen Soldaten enterten die *Eleftheri Mesogios* nach 4:30 Uhr, gleichzeitig mit dem Angriff auf die *Mavi Marmara* und *Sfendoni*. Soldaten enterten aus drei Schlauchbooten und setzten dabei Enterhaken und Strickleitern ein. Obwohl Stacheldraht um das Schiff verlegt worden war, konnten sie relativ schnell an Bord gelangen.

149. Die Passagiere übten keinen aktiven Widerstand, nur passiven und versperrten den Zugang zur Brücke mit ihren Körpern. Die Israelis setzten physische Gewalt ein, Elektroschockwaffen, Plastik- und Farbgeschosse zur Räumung des Bereichs. Einige Passagiere wurden verletzt, ein Passagier erlitt einen Beinbruch.

150. Alle Passagiere und die Mannschaft erhielten Handfesseln. Israelische Soldaten konfiszierten ihre Pässe und nahmen Leibesvisitationen vor. Wer sich weigerte, wurde grob behandelt. Nach Aussage

einiger Zeugen wurden einige der Leute, die ihre Pässe nicht herausgeben wollten, beleidigt, eine Frau erhielt einen Stoß in den Magen, ein Mann wurden von zwei Soldaten zu Boden gerungen, getreten und geschlagen. Ein Passagier erklärte, die Handfesseln seien zu eng gezogen, als er um Lockerung bat, seien sie noch enger gezogen worden.

151.　Zeugen bestätigten, dass die Passagiere nahezu ständig von den israelischen Soldaten mit Videokameras gefilmt wurden. Einer sagte, er habe das Gefühl gehabt, dies sei absichtlich zu ihrer Erniedrigung geschehen und dies habe direkt dazu geführt, dass eine ältere Person eine Angstattacke erlitten habe.

(f) Die Ereignisse an Bord der M. V. Gazze I und M. V. Defne Y

152.　Die Israelis enterten die *M. V. Gazze I* vom Schlauchboot kurz nach 05.30 Uhr. Die Mannschaft und Passagiere an Bord leisteten keinen Widerstand, und die israelischen Soldaten übernahmen die Kontrolle des Schiffs ohne Zwischenfall. Die Passagiere wurden an Deck befohlen, während das Schiff mit Hunden durchsucht wurde, später wurden sie in den Speiseraum gebracht und Leibesvisitationen unterzogen. Während der achtstündigen Fahrt nach Ashdod blieben sie ungefesselt und erhielten Essen.

153.　Die Israelis enterten die *M. V. Defne Y* mittels Abseilens vom Helikopter gegen 05.30 Uhr. Die Mannschaft und die Passagiere an Bord leisteten keinen Widerstand, und die israelischen Soldaten übernahmen die Kontrolle des Schiffs ohne Zwischenfall. Sie wurden dann in den Kabinen gehalten bis zur Ankunft im Hafen von Ashdod. Mannschaft und Passagiere wurden nicht gefesselt, und die israelischen Soldaten brachten aus den Küchen Essen für sie. Ein Passagier, ein Kameramann, der für die IHH Organisation arbeitete, sagte aus, er sei fünf Stunden lang verhört und körperlich angegriffen worden, und zwar wegen eines Video-Bandes, das er versteckt hatte.

(g) Ereignisse an der Bord M. V. Rachel Corrie am 5. Juni 2010

154. Die *Rachel Corrie* startete mit Verspätung in Irland und ließ in Malta Passagiere von Bord. Das Schiff konnte deswegen am Treffpunkt südlich Zyperns nicht auf die restliche Flottille stoßen. Trotzdem wurde es durch israelische Soldaten abgefangen, und die Leute an Bord machten machten Ähnliches durch wie die auf den anderen Schiffen. An Bord waren 9 Mann Besatzung und 11 Passagiere, darunter mehrere Prominente

155. Nachdem Passagiere der *Rachel Corrie* über Satellitentelefon erfahren hatten, dass die Flottille abgefangen worden war, beschlossen sie einstimmig, die Fahrt nach Gaza planmäßig fortzusetzen, als Zeichen des Respekts für die Getöteten. Auch die Mannschaft wurde befragt und stimmte der Weiterfahrt zu. Durch eine Presseerklärung wurde diese Entscheidung veröffentlicht.

156. Am 3. Juni 2010 nahm die irische Regierung Verhandlungen mit der Regierung von Israel auf, um zu gewährleisten, dass die Hilfslieferung an Bord der *Rachel Corrie* nach Gaza transportiert wird, wenn das Schiff zum Hafen Ashdod umgeleitet würde. Die Passagiere auf dem Schiff nahmen an diesen Verhandlungen nicht teil und entschlossen sich, ein entsprechendes Angebot abzulehnen, weil ihre Absicht nicht nur die Lieferung von Hilfsgütern, sondern auch das Durchbrechen der in ihren Augen illegalen Besetzung von Gaza war.

157. Das Schiff setzte seine Fahrt nach Gaza fort. Das Abfangen des Schiffs erfolgte am 5.06.10 und lief ähnlich ab wie bei den anderen, aber gewaltlos. Mehrere Schiffe der israelischen Marine kamen in Sicht, und der Funkkontakt begann ungefähr um 06.30 Uhr. Der Kapitän wurde benachrichtigt, dass Gaza eine geschlossene Militärzone darstelle und das Schiff nicht weiterfahren dürfe. Die *Rachel Corrie* antwortete, es sei ein ziviles Schiff und liefere humanitäre Hilfsgüter, die Fracht sei durch die Behörden in Irland kontrolliert und versiegelt worden, sie stelle keinerlei Gefahr für Israel dar.

158. Die Passagiere auf dem Schiff bemerkten irritiert, dass die Israelis das Schiff ständig mit dem früheren Namen bezeichneten, der *M. V. Linda*. Das Schiff war in Irland kurz vor dem Auslaufen im Anden-

ken an die Amerikanerin *Rachel Corrie* die 2003 im Gaza-Streifen von einem israelischen Bulldozer getötet worden war, umbenannt worden.

159. Die Passagiere sprachen den Israelis, die erklärten, sie würden an Bord kommen, das Recht dazu ab; sie befänden sich in internationalen Gewässern und stellten keinerlei Bedrohung dar, sie würden sich der Enterung aber nicht gewaltsam widersetzen. Die Funkanlage des Schiffes wurde gestört. Darauf hin stoppte der Kapitän die Maschinen, und gegen 11.00 Uhr erreichten die Schlauchboote das Schiff. Soldaten kamen gemäß abgesprochener Verfahrensweise an Bord. Die Passagiere und Mannschaft mussten sich mittschiffs versammeln, hinsetzen und die Arme ausstrecken, während ein Mann das Boot und das Ruderhaus kontrollierte. Ungefähr 35 bewaffnete Soldaten, darunter drei Frauen, kamen an Bord in voller Kampfausrüstung. Die Übernahme erfolgte friedlich. Nach Aussage eines Zeugen war das Schiff zu diesem Zeitpunkt 35 Seemeilen von Gaza entfernt.

160. Der Anführer der Passagiere, der gerade vor der Enterung auf dem Schiff die Leitung übernommen hatte, wurde gefesselt und musste niederknien, und zwar für 45 Minuten, danach kam er zu der Mannschaft. Seine Frau durfte nahezu während der gesamten Fahrtzeit nach Ashdod nicht zu ihm. Den anderen Passagieren wurden die Pässe überprüft, sie wurden durchsucht und mussten dann für mehrere Stunden in der Sonne sitzen, während das Schiff durchsucht wurde. Es wurde dann ohne Zwischenfälle nach Ashdod gebracht.

161. Der israelische Generalstabschef sagte vor der Turkel-Kommission aus, die *Rachel Corrie* sei ein Beispiel für ein humanitäres Schiff, das die Umleitung nach Ashdod akzeptiert habe, damit die Hilfe auf dem Landweg nach Gaza gebracht werden konnte. Dies steht im Widerspruch zu der Erklärung der Passagiere, sie hätten die Militärs nur unter Protest an Bord gelassen und seien gegen ihren Willen nach Ashdod gebracht worden.

2. Rechtliche Analyse der beim Abfangen der Gaza-Flottille angewendeten Gewalt

(a) Exzessiver Einsatz von Gewalt und das Recht auf Leben und körperliche Unversehrtheit

162. Artikel 6 (1) des *Internationalen Pakts über bürgerliche und politische Rechte (Un-Zivilpakt oder ICCPR)* lautet:

> *„Jedes menschliche Wesen hat ein angeborenes Recht auf Leben. Dieses Recht muss durch das Gesetz geschützt werden. Niemand darf willkürlich seines Lebens beraubt werden. Dieses Recht ist unverzichtbar."*

163. Soweit das Abfangen der Flottille durch die Israelis widerrechtlich war – und diese Kommission betrachtet sie als widerrechtlich – war der Gebrauch von Gewalt durch die israelischen Streitkräfte bei der Übernahme der Kontrolle über die *Mavi Marmara* und andere Schiffe ebenfalls *prima facie* widerrechtlich, denn es fehlte eine rechtliche Grundlage für den Angriff zum gewaltsamen Abfangen in internationalen Gewässern.

    Aber auch unabhängig von der Rechtswidrigkeit dieser Operation hätten die israelischen Streitkräfte diese in Übereinstimmung mit den entsprechenden Gesetzen einschließlich der völkerrechtlichen Verpflichtung Israels zur Wahrung der Menschenrechte durchführen müssen.

164. Der Verhaltenskodex für Beamte mit Polizeibefugnissen schreibt in Art. 2 vor, *„dass Vollzugsbeamte bei der Erfüllung ihrer Pflichten die Menschenwürde beachten und schützen und dabei die Menschenrechte aller Personen wahren müssen"*;

    Artikel 3 ergänzt:

> *„Vollzugsbeamte dürfen Gewalt nur im absolut notwendigen Fall anwenden und nur in dem Ausmaß, wie es zur Erfüllung der Pflichten erforderlich ist."*

Dieser Artikel bestimmt klar, dass der Gebrauch von Schusswaffen als äußerste Maßnahme betrachtet wird und dass – wenn Gewalt und Feuerwaffen unbedingt eingesetzt werden müssen – Vollzugsbeamte den Schaden und die Verletzung auf ein Mindestmaß beschränken und menschliches Leben achten und bewahren müssen.

165. Beim Entern der *Mavi Marmara* von See und aus der Luft traf die israelische Marine bei einigen Passagieren an Bord auf deutlichen Widerstand, dessen Ausmaß sie offensichtlich überraschte. Es gibt jedoch keinen Beweis für die Behauptung, Passagiere hätten in irgendeiner Phase Schusswaffen benutzt. In der Anfangsphase des Kampfes mit den israelischen Soldaten auf dem Oberdeck wurden drei Soldaten entwaffnet und ins Schiffsinnere gebracht. In diesem Augenblick mag die berechtigte Annahme bestanden haben, es bestehe eine unmittelbare Gefahr für Leben oder ernstliche Verletzung von Soldaten, was den Gebrauch von Schusswaffen gegen bestimmte Passagiere rechtfertigen konnte.[96]

166. Grundsatz 9 der „*Grundprinzipien für den Gebrauch von Feuerwaffen durch polizeiliche Vollzugsbeamte*" bestimmt:

> „*Vollzugsbeamte dürfen Feuerwaffen nur zur Selbstverteidigung oder Verteidigung Anderer in unmittelbarer Lebensgefahr oder Gefahr schwerer Verletzungen gebrauchen, um ein besonders schweres Verbrechen mit ernster Lebensbedrohung abzuwenden (…) und nur, wenn weniger schwerwiegende Maßnahmen zur Erreichung dieser Ziele ungenügend sind. In jedem Falle dürfen tödliche Waffen vorsätzlich nur eingesetzt werden, wenn dies zum Schutz von Leben ganz unvermeidlich ist.*"

167. Demgegenüber wurde während der Operation zur Übernahme der *Mavi Marmara*, auch vor dem Zeitpunkt, als die Restriktion zum Einsatz von Schusswaffen mit scharfer Munition gelockert wurde, tödli-

---

[96] Generalstabschef Gabi Ashkenazi soll gesagt haben, die Einsatzregeln hätten den Soldaten den Gebrauch scharfer Munition ursprünglich nur in lebensbedrohlichen Situationen erlaubt; diese Beschränkung sei später gelockert worden, nämlich gegen mutmaßlich gewalttätig Protestierende als Antwort auf das unerwartete Ausmaß des gewaltsamen Widerstandes und den ungewissen Verbleib einiger Soldaten. (Aussage vor der israelischen Turkel-Kommission, 4. Sitzung)

che Gewalt von israelischen Soldaten häufig und willkürlich eingesetzt, wodurch ohne Not viele Menschen getötet oder schwer verletzt
wurden. Weniger extreme Mittel hätten in nahezu allen Phasen der
Operation eingesetzt werden können und müssen, denn es gab keine
unmittelbare Gefahr für die Soldaten; dies gilt z.B. für die Operation
des Vorrückens auf das Brückendeck und die Übernahme der Kontrolle über das Schiff sowie das Feuern mit scharfer Munition gegen
Passagiere auf dem Vorderdeck des Schiffs. Auch in der Situation, als
drei einzelne Soldaten verletzt und festgesetzt wurden, rechtfertigte
die Befreiungsabsicht nicht den Gebrauch von Gewalt entgegen den
maßgeblichen internationalen Standards. Die Soldaten waren weiterhin verpflichtet, Leben zu bewahren und zu schützen und Verletzungen und Schaden auf ein Mindestmaß zu beschränken.

168.   Unter diesen Umständen waren weniger extreme Waffen, etwa die
vorhandene nicht-tödliche Bewaffnung, zur Zweckverwirklichung
ausreichend, wie es von Grundsatz 4 der *Grundprinzipien für die Anwendung von Gewalt und den Gebrauch von Feuerwaffen durch polizeiliche Vollzugsbeamte* verlangt wird.[97]

Gut trainierte Streikräfte wie die israelischen Verteidigungs-Streit-
kräfte (IDF) hätten in der Lage sein müssen, eine verhältnismäßig
kleine Gruppe von Passagieren, bewaffnet mit Stöcken und Messern, zu beherrschen und die Kontrolle des Schiffs zu sichern ohne
Verlust von Menschenleben oder schwere Verletzung von Passagieren und Soldaten.

169.   Eine große Anzahl verletzter Passagiere wurde an Körperteilen mit
lebenswichtigen Organen verletzt – Bauch, Thorax und Kopf. Außerdem waren viele eindeutig unbeteiligt am Widerstand beim Entern
durch die israelischen Soldaten, darunter mehrere Journalisten und
Personen, die vor den Schüssen Schutz gesucht hatten – sie wurden
verletzt und erlitten auch tödliche Verletzungen. Es ist offensichtlich,
dass in bestimmten Phasen der Operation keine Anstrengungen un-
ternommen wurden, die Verletzungen so gering wie möglich zu hal-

---

[97]   Vollzugsbeamte dürfen bei der Erfüllung ihrer Pflicht soweit eben möglich nur
gewaltlose Mittel einsetzen, bevor sie auf Gewalt oder Schusswaffen zurückgrei-
fen. Sie dürfen Gewalt und Schusswaffen nur einsetzen, wenn andere Mittel unwirksam sind oder keinen Erfolg zur Erreichung des beabsichtigten Zweckes
versprechen.

ten, es wurde extensiv und willkürlich von der Schusswaffe Gebrauch gemacht. Man kann nicht umhin festzustellen: Nach Lockerung des Schusswaffengebrauchs war niemand mehr sicher. Unter diesen Umständen ist es nur dem Zufall zu verdanken, dass nicht noch mehr Menschen zu Tode kamen. Grundsatz 5 der *Grundprinzipien für die Anwendung von Gewalt und den Gebrauch von Feuerwaffen durch polizeiliche Vollzugsbeamte* verpflichtet dazu: „Wenn der Gebrauch von Gewalt und Schusswaffen berechtigt und unvermeidlich ist, müssen Vollzugsbeamte (a) den Gebrauch einschränken und in das rechte Verhältnis von Schwere des Vergehens und Bedeutung des zu erreichenden Ziels bringen, ferner (b) Schaden und Verletzungen so gering wie möglich halten und Menschenleben achten und schützen."

170. Die Umstände der Tötung von mindestens 6 Passagieren erfüllen die Merkmale einer ungesetzlichen, willkürlichen und summarischen Exekution. Furkan Doğan und Ibrahim Bilgen wurden aus nächster Entfernung erschossen, als die Opfer bereits verletzt am Boden des Oberdecks lagen. Cevdet Kiliçlar, Cengiz Akyüz und Cengiz Songür und Çetin Topçuoğlu wurden auf dem Brückendeck erschossen, ohne an Aktivitäten beteiligt zu sein, die für irgendeinen israelischen Soldaten eine Gefahr darstellten. In diesen Fällen und möglicherweise bei anderen Tötungen auf der *Mavi Marmara* haben die israelischen Soldaten widerrechliche, willkürliche und summarische Exekutionen begangen, die nach internationalem Menschenrecht, speziell Artikel 6 des UN-Zivilpakts verboten sind.[98]

171. Es ist offensichtlich, dass eine Anzahl Passagiere auf dem Oberdeck misshandelt wurden, als sie schon verletzt am Boden lagen. Physischer und verbaler Missbrauch wurde fortgesetzt einige Zeit nach Abschluss der Operation zur Erlangung der Kontrolle über das Deck. Ferner blieben diese Passagiere zwei bis drei Stunden nach Operationsende ohne medizinische Versorgung. Ähnlich wurde verletzten Passagieren, die beim Abschluss der Operation im Schiffsinnern waren, von den israelischen Soldaten angemessene medizinische Behandlung für einen ähnlichen Zeitraum verweigert, obwohl andere Personen an Bord, einschließlich der Organisatoren der Flottille, da-

---

[98] Siehe Grundsätze 1 und 2 der „*Grundsätze zur wirksamen Verhütung und Untersuchung von außergesetzlichen, willkürlichen und summarischen Hinrichtungen*".

rum gebeten hatten. Anderen Passagieren mit chronischen Leiden wurde der erbetene Zugang zu ihren Arzneimitteln verweigert. Das israelische Militär kam nicht der Verpflichtung nach, allen Verletzten so schnell wie möglich angemessene medizinische Behandlung zu gewähren.[99] Ferner hätte der Anwendung von Schusswaffen eine klare Androhung vorausgehen müssen.[100]

172. Die Kommission ist davon überzeugt, dass ein Großteil der von den israelischen Soldaten eingesetzten Gewalt an Bord der *Mavi Marmara* und von den Helikoptern aus nicht notwendig war; sie war unverhältnismäßig, exzessiv und unangemessen und führte zu total unnötigen Todesopfern und schwerer Verletzung einer großen Zahl von zivilen Passagieren. Auf der Grundlage der gerichtsmedizinischen und waffentechnischen Untersuchungen können mindestens 7 Tötungen als ungesetzliche, willkürliche und summarische Exekutionen eingestuft werden. Im Hinblick darauf erfüllt das Verhalten der israelischen Streitkräfte den Tatbestand der Verletzung des Rechts auf Leben und körperliche Unversehrtheit, geschützt durch Artikel 6 und 7 des UN-Zivilpakts ICCPR.

173. Die Kommission bringt ihre Besorgnis zum Ausdruck über die Art der von israelischen Soldaten eingesetzten Gewalt beim Aufbringen der drei anderen Boote der Flottille: *Challenger I*, *Sfendoni* und *Eleftheri Mesogios*. Auf allen Booten übten die Passagiere nur passiven Widerstand – sie stellten sich mit ihren Körpern den israelischen Soldaten in den Weg als symbolische Geste des Widerstands gegen die Besetzung. Die Israelis setzten aber bemerkenswerte Gewalt ein, ein-

---

[99]   Vorgeschrieben von Grundsatz 4, c der *Grundprinzipien für die Anwendung von Gewalt und den Gebrauch von Feuerwaffen durch Personen mit Polizeibefugnissen;* diese müssen „sicherstellen, dass medizinische Hilfe und Unterstützung allen Verletzten und betroffenen Personen zum frühest möglichen Zeitpunkt gewährt wird".

[100] Grundsatz 10 derselben „*Grundprinzipien ...*" bestimmt: „Vollzugsbeamte müssen sich als solche zu erkennen geben und ihre Absicht zum Einsatz von Schusswaffen klar androhen und eine hinreichende Frist geben, nach deren erfolglosem Ablauf diese eingesetzt werden, es sei denn, dies würde Vollzugsbeamte gefährden oder andere Personen der Gefahr des Todes oder schwerer Verletzungen aussetzen, oder auch, falls dies deutlich unangemessen oder zwecklos angesichts der Begleitumstände ist." Möglicherweise konnte man eine soche Warnung in der ersten Phase auf dem Oberdeck nicht verlangen, sie war aber möglich und notwendig in den späteren Phasen der israelischen Operation zur Einnahme des Schiffs.

schließlich Blendgranaten, Elektroschockwaffen, und feuerten Softladungen aus der Nähe, Farbgeschosse, und Plastikgeschosse, auch körperliche Gewalt wurde eingesetzt. Dies führte zu einer Anzahl von Verletzungen der Passagiere, einschließlich Verbrennungen, Prellungen, Hämatomen und Knochenbrüchen. Ein Passagier, der am passiven Widerstand nicht beteiligt war – ein Fotojournalist – erhielt Verbrennungen durch eine Elektroschockwaffe. Die Kommission stellt fest, dass der Einsatz von Gewalt durch die israelischen Soldaten beim Aufbringen der *Challenger I*, *Sfendoni*, und *Eleftheri Mesogios* unnötig, unverhältnismäßig, exzessiv und unangemessen war und das Recht auf körperliche Unversehrtheit verletzt, entgegen Artikel 7 des ICCPR.

(b) Das Recht auf Freiheit und Sicherheit der Person, Behandlung von Gefangenen, einschließlich Freiheit vor Folter und anderer grausamer und erniedrigender Behandlung oder Bestrafung.

174. Artikel 9 (1) des ICCPR/UN-Zivilpakts bestimmt:

> *„Jeder hat das Recht auf Freiheit und Sicherheit seiner Person. Niemand darf willkürlich festgesetzt oder festgehalten werden. Niemand darf seines Rechts auf Freiheit beraubt werden, es sei denn in gesetzlich festgelegten Fällen und in Übereinstimmung mit dem gesetzlich geregelten Verfahren. "*

Da die Kommission das irsaelische Abfangen der Flottille als gesetzwidrig einstuft, ist das Festhalten der Passagiere an Bord jedes Schiffs *prima facie* ebenfalls ungesetzlich.

175. Die Freiheitsberaubung an den Passagieren erfüllt ferner die Kriterien der Willkür in Übereinstimmung mit der Definition der UN-Arbeitsgruppe über willkürliche Haft. Freiheitsberaubung entspricht Kategorie 1 – willkürliche Haft: „Wenn für die Freiheitsentziehung eine rechtliche Grundlage eindeutig fehlt."

176. Die Massenverhaftung von mehr als 700 Passagieren und Mannschaften an Bord von 6 Booten hatte keine gesetzliche Grundlage, war willkürlich in der Art und stellt eine Verletzung von Artikel 9 des ICCPR dar.

177. Auch wurde niemandem an Bord der Flottille ein Grund für die Festsetzung genannt. Artikel 9 (2) des ICCPR bestimmt:

> *„Jedermann muss zum Zeitpunkt der Verhaftung über den Grund und umgehend über die gegen ihn erhobenen Vorwürfe informiert werden.“*

Angesichts eines Verhaftungszeitraums von bis zu 12 Stunden an Bord der Flottille hätten alle Passagiere darüber aufgeklärt werden müssen, warum sie verhaftet wurden, und über die Art der gegen sie erhobenen Vorwürfe. Dies wurde nicht getan; als einige Passagiere dies verlangten, wurden sie verbal oder körperlich misshandelt. Dies war eine Verletztung von Artikel 9 des UN-Zivilpakts.

178. Während der Verhaftung an Bord der *Mavi Marmara* wurden Passagiere in einer Weise behandelt, die ihrer Art nach grausam und unmenschlich war und die Menschenwürde Gefangener verletzte. Dies umfasst eine große Zahl von Personen, die gezwungen wurden, auf dem Außendeck niederzuknien und unter harten Bedingungen mehrere Stunden auszuharren, ferner die körperliche und verbale Misshandlung vieler Gefangener, die weit verbreitete unnötig enge Handfesselung und die Verweigerung des Zugangs betreffend menschlicher Grundbedürfnisse wie den Gebrauch der Toiletten oder Versorgung mit Nahrung. Darüber hinaus wurde ein Klima von Angst vor Gewalt verbreitet, und dies hatte eine erniedrigende Wirkung auf alle Festgenommenen an Bord. Auf anderen Booten der Flottille gab es darüber hinaus Fälle von Personen, die ähnlichen schweren Schmerzen und Leiden unterworfen wurden, einschließlich einer Person, die körperlich misshandelt wurde, weil sie ihren Pass nicht ohne Quittung übergeben wollte.

Grundsatz 1 des *Grundsatzkatalogs für den Schutz aller irgendeiner Form von Haft oder Strafgefangenschaft unterworfenen Personen* bestimmt:

> *„Alle … derartige Personen müssen in einer menschlichen Weise unter Achtung ihrer Menschenwürde behandelt werden.“*

Außerdem besagt Grundsatz 6:

„Kein Gefangener oder Festgenommener darf der Folter oder einer grausamen, unmenschlichen oder herabwürdigenden Behandlung oder Bestrafung unterzogen werden. Keine Umstände welcher Art auch immer können Folter oder andere grausame, unmenschliche oder erniedrigende Behandlung oder Bestrafung rechtfertigen. "

179. Die Kommission ist besonders betroffen über die weit verbreitete Praxis, den Passagieren zu enge Handfesseln anzulegen, besonders an Bord der *Mavi Marmara* und in gewissem Ausmaß auch bei Passagieren an Bord der *Challenger I*, *Sfendoni* und *Eleftheri Mesogios*. Zahlreiche Passagierene beschrieben den Schmerz und die durch Plastikhandfesseln (Plasticuffs) verursachten Leiden, wenn sie, häufig hinter dem Rücken, übermäßig eng angezogen waren, was zusätzliches Leiden verursacht. Viele erlitten nervliche Schädigungen bis zu drei Monaten nach den Vorfällen. Wie schon betont wurde: Diese Art der Handfesselung von Passagieren an Bord der Flottille stimmt genau mit der systematischen Praxis der israelischen Streitkräfte überein, schmerzhafte Handfesseln anzulegen.[101]

---

[101] Im Juni 2009 veröffentlichte das öffentliche Komitee gegen Folter in Israel (PCATI) einen Bericht über den Einsatz von Handfesseln durch die IDF mit dem Titel „Fesselung als eine Form von Folter und Missbrauch". PCATI stellte fest: „Soldaten wenden die Handfesselung von Gefangenen in schmerzhafter und verletzender Weise ein, und zwar vom Augenblick der Festnahme bis zum Transfer in verschiedene Vernehmungseinrichtungen. Dieser systematische Einsatz lässt auf Missachtung des Leidens schließen, das den Festgenommenen zugefügt wird, und legt nahe, dass dies vielleicht absichtlich geschieht. Diese Behandlung bricht oft den Willen der Verhafteten und ‚weicht sie auf', bevor sie zur Vernehmung in der GSS Einrichtung ankommen. Dies ist besonders der Fall bei Minderjährigen. Der systematische Einsatz der beschriebenen Fesselungsposition reflektiert möglicherweise kollektive Bestrafung und Einschüchterung von Sicherheitshäftlingen im Allgemeinen. PCATI erhält jeden Monat Dutzende von Klagen, die diese Fesselung beschreiben. Allein im letzten Jahr hat PCATI 574 solcher Fälle dokumentiert. Obwohl diese Zahl nur die Spitze des Eisbergs ist, bezeichnet sie den Umfang des Phänomens." Die Stellungnahme der neurologischen Spezialistin Dr. Hannah-Bettina Steiner-Birmanns ist dem Bericht angefügt. Sie stellt fest „Enge Handfesseln, also enge und harte Plastikhandfesseln, die so eng gezogen sind, dass kein Platz zwischen Fessel und Hand des Gefangenen bleibt, drücken stark gegen das Handgelenk. Die Handfesseln bleiben an den Händen über ausgedehnte Zeitabschnitte. Unter solchen Umständen können Handfesseln Abschürfungen und Verletzungen des weichen Gewebes, Hautprellungen und sogar Knochenfrakturen verursachen. Die Handfesseln quetschen auch die Nerven der Handflächen, dies führt zu Paralyse und Verlust des Gefühls in den Handflächen. Diese Nervenschädigungen können

Die Kommission stellt fest: Die hier angewandte Anlegung von Handfesseln war eindeutig unnötig und geschah vorsätzlich, um den Passagieren Schmerzen und Leiden zuzufügen.

180. Folter ist gemäß Artikel 7 des ICCPR zwingend verboten. Darüber hinaus bestimmt Artikel 1 der *Internationalen Konvention gegen Folter und andere grausame, unmenschliche oder erniedrigende Behandlung oder Bestrafung:*

> *„Im Sinne dieser Konvention bedeutet ‚Folter‘:*
> *Jede Handlung, durch die schwerer Schmerz oder Leiden verursacht werden, sei es körperlich oder seelisch, die absichtlich einer Person zugefügt werden für Zwecke wie: um von ihr oder einer dritten Person Informationen oder ein Geständnis zu erlangen oder um sie oder eine dritte Person für ein angenommenes oder begangenes Vergehen zu bestrafen oder um sie oder eine dritte Person einzuschüchtern oder zu nötigen oder in der Absicht zur Diskriminierung jeglicher Art, sofern solche Schmerzen oder Leiden von oder auf Grund Anstiftung oder mit Zustimmung oder Kenntnis eines öffentlichen Amtsträgers oder anderen Person in irgendeiner offiziellen Eigenschaft zugefügt werden. "*

Artikel 2 (2) dieser Konvention unterstreicht das absolute Verbot der Folter:

> *„Keine noch so außergewöhnlichen Umstände irgendeiner Art, weder Krieg oder Kriegsgefahr, innere politische Instabilität oder andere öffentliche Notfälle können zur Rechtfertigung von Folter herangezogen werden. "*

In dem Maße, wie die (beschriebenen) Missbrauchshandlungen vorsätzlich zur Bestrafung geschahen oder zwecks Einschüchterung oder Nötigung von einem oder mehreren Personen wegen Teilnahme an der „Free Gaza"-Flottille oder wegen Aktivitäten zur Ab-

---

vorübergehen, sie können aber auch bleibender Natur sein. Vom Standpunkt des Neurologen können enge Handfesseln bleibende und irreversible Schäden für die Gefangenen herbeiführen, und daher sollte die Lockerung in Betracht gezogen werden."

wehr des israelischen militärischen Abfangens, handelte es sich gewissermaßen um Folter.

181. Die Kommission bezeichnet daher die Behandlung der Passagiere an Bord der *Mavi Marmara* und in einigen Fällen an Bord der *Challenger I, Sfendoni* und der *Eleftheri Mesogios* durch das israelische Militär als grausame und unmenschliche und erniedrigende Behandlung und insoweit, als die Behandlung auch eingesetzt wurde zwecks Bestrafung, bezeichnen wir dies als Folter. Dies stellt einen Bruch von Artikel 7 und 10 (1) des UN-Zivilpakts dar sowie der Konvention gegen Folter und andere grausame, unmenschliche und erniedrigende Behandlung oder Bestrafung.

(c) Mögliche Verletzungen der 4. Genfer Konvention und des internationalen humanitären gewohnheitsrechtlichen Völkerrechts.

182. Zusätzlich zu der oben festgestellten Verletzung der Menschenrechte beweisen diese Tatsachen *prima facie* auch, dass das israelische Militär während des Aufbringens zu Lasten geschützter Personen das humanitäre Völkerrecht durch willkürliche Tötung, Folter oder unmenschliche Behandlung sowie vorsätzliche Zufügung schwerer Leiden oder ernster Verletzung von Körper oder Gesundheit nach den Bestimmungen von Art. 147 der 4. Genfer Konvention verletzt hat.

C. Festnahme der Flottillenpassagiere in Israel und Abschiebung

1. Tatsachenbeschreibung und Untersuchungsergebnisse

183. Die Kommission stellt fest, dass die im Folgenden aufgeführten Fakten zu ihrer Zufriedenheit nachgewiesen werden konnten.

a) Abfertiung der Passagiere im Hafen von Ashdod

184. Alle abgefangenen Schiffe der Flottille wurden zum israelischen Hafen Ashdod gebracht, wo zuvor in einem großen Zelt am Kai ein Abfertigungszentrum für den Empfang der Passagiere eingerichtet worden war. Die *Challenger I*, das schnellste Schiff der Flottille, traf am 31. Mai gegen 11.00 Uhr ein. Als letztes Schiff kam die *Mavi Marmara* am selben Tag gegen 18.00 Uhr an. Aufgrund der Anzahl wegen der Menge der abzufertigenden Passagiere zog sich der Ausschiffungsvorgang extrem lange hin. Einige Passagiere der *Mavi Marmara* erklärten, dass sie nach der Ankunft des Schiffs am Hafen bis zu 12 Stunden im Inneren des Schiffs unter Bewachung warten mussten und dass manche erst am folgenden Morgen an Land gehen konnten.

185. Die Schiffe wurden am Kai von einer Menge Soldaten und zuweilen auch von Zivilisten begrüßt, darunter auch Schulkinder. Sie schwenkten Fahnen und begleiteten die Rückkehr der israelischen Streitkräfte mit Beifall. Einige Passagiere haben erklärt, sie seien von den Menschen am Kai verhöhnt und verspottet worden. Außerdem waren Kamerateams des Fernsehens und Journalisten zugegen, die das Ausschiffen der Passagiere dokumentierten. Viele Passagiere haben erklärt, sie hätten das „Zur-Schau-Stellen" vor den Medien und bisweilen auch vor feindlichen Menschenmengen als verunsichernd und erniedrigend empfunden.

186. Verletzte Passagiere, die nicht auf dem Luftweg abtransportiert wurden, wurden untersucht und zur Behandlung in nahe gelegene Krankenhäuser gebracht. Einige Passagiere mit ernsthaften Verletzungen mussten ohne Unterstützung von Bord der *Mavi Marmara* gehen. Infolge der Verzögerungen beim Ausbooten und bei der Abfertigung aller Passagiere mussten einige verletzte Passagiere erhebliche Zeit warten, bevor sie untersucht und in Krankenhäuser gebracht wurden. Andere wurden erst später untersucht, nachdem sie im Gefängnis eingetroffen waren.

187. Während der Abfertigung wurden allen Passagieren offizielle Schriftstücke zur Unterschrift vorgelegt. Von den Schriftstücken waren diverse Übersetzungen in Englisch, Türkisch und Arabisch in Umlauf,

jedoch haben die meisten Passagiere erklärt, dass ihnen eine hebräische Version übergeben und ihnen der Inhalt nicht erklärt worden sei. Nach Auskunft derer, die in der Lage waren, die Schriftstücke zu verstehen, enthielten diese das Eingeständnis der unterzeichnenden Person, Israel illegal betreten zu haben, sowie die Zustimmung zu einer Ausweisung und einem 10-jährigen Einreiseverbot. Einigen Passagieren wurde gesagt, dass das Unterschreiben des Dokuments eine schnellere Haftentlassung und Rückführung bewirken würde, während eine Verweigerung der Unterschrift eine längere Arrestzeit bis zu einem Gerichtsverfahren zur Folge hätte.

188. Fast alle Passagiere weigerten sich, das Dokument zu unterscheiben, mit der Begründung, dass sie gegen ihren Willen aus internationalen Gewässern nach Israel gebracht worden waren oder dass sie kein für sie unverständliches Dokument unterzeichnen wollten. Es gab gezielte Bemühungen einiger israelischer Offiziere, Passagiere zum Unterschreiben der Formulare zu zwingen. Einige Passagiere unterzeichneten unter Druck, nachdem sie den Text mit einer Anmerkung versehen hatten, in der sie die Umstände ihrer Einreise nach Israel darlegten oder erklärten, dass die Unterschrift „unter Protest" erfolgte. Einigen Passagieren wurde wegen ihrer Unterschriftsverweigerung mit körperlicher Gewalt gedroht; andere wurden geschlagen oder körperlich misshandelt, weil sie selbst die Unterschrift verweigert oder anderen dazu geraten hatten. Die Bemühungen, Passagiere zum Unterschreiben der Formulare zu überreden, wurden auf dem Flughafen fast bis zum Moment des Abflugs fortgesetzt.

189. Die Passagiere wurden einer Reihe peinlich genauer Durchsuchungen unterzogen, darunter auch Leibesvisitationen. Obwohl Frauen im Allgemeinen von weiblichen Beamten durchsucht wurden, haben sich einige darüber beklagt, dass die Untersuchung in Voll- oder Teilansicht von anwesenden männlichen Beamten stattfand. Einige männliche Passagiere haben erklärt, dass Innenuntersuchungen der Körperhöhlen an ihnen vorgenommen wurden oder ihnen angedroht worden seien. Eine Reihe von Passagieren hat die Durchsuchungen als bewusst entwürdigendes und erniedrigendes Vorgehen beschrieben, das von Schmähungen sowie provozierenden und beleidigenden Ausdrücken begleitet war. Während ihres Aufenthalts in

Israel wurden viele Passagiere noch lange, nachdem derartige Durchsuchungen noch einem sinnvollen Sicherheitszweck dienen konnten, mehrfach durchsucht.

190.   Während ihrer Abfertigung wurden Passagiere sowohl für die offizielle Dokumentation als auch für „Trophäenbilder" fotografiert. Außerdem wurde die Behandlung einiger Passagiere auf Video aufgezeichnet. Den Passagieren wurden Fingerabdrücke und in einigen Fällen auch DNA-Abstriche abgenommen. Während einige die Fingerabdrücke erfolgreich verweigerten, wurden anderen die Abdrücke gewaltsam abgenommen. Ein Opfer und mehrere Zeugen haben eine anschauliche Beschreibung der Umstände abgegeben, unter denen ein Passagier, ein griechischer Staatsangehöriger, heftig geschlagen wurde, weil er die Abnahme seiner Fingerabdrücke durch die israelischen Behörden verweigert hatte. Der Passagier wurde eine Strecke weit über den Boden gezogen und dann von einer großen Gruppe israelischer Beamter umringt, die ihn fortgesetzt heftig schlugen, wobei sie ihm absichtlich ein Bein brachen. Seine Hilferufe wurden ignoriert, und laut einem Augenzeugen wurde er von uniformierten Beamten, sowohl männlichen wie weiblichen, ausgelacht. Das gebrochene Bein des Passagiers konnte erst nach seiner Ausreise medizinisch versorgt werden.

191.   Die Passagiere wurden auch medizinisch untersucht, obwohl einige in der Lage waren, sich dem zu widersetzen, und dies auch taten. Viele Passagiere haben die medizinischen Untersuchungen als oberflächlich und nur der Form halber erfolgend eingeschätzt. Die Medikamente einiger Passagiere, die aufgrund ihres Gesundheitszustands besonderen Medikationen folgen mussten, waren von Soldaten konfisziert oder auf den Schiffen zurückgelassen worden. Der Bitte um Rückgabe dieser Medikamente wurde nicht umgehend entsprochen; allerdings erhielten einige Betroffene ihre Medikamente nach wiederholten Anfragen zurück.

192.   Zusätzlich zu den oben beschriebenen Beispielen gab es andere Vorkommnisse von körperlicher Gewalt gegen einzelne, als unkooperativ eingeschätzte Passagiere, die zu körperlichen Verletzungen und Traumata führten. Einem Passagier, der einen allgemeinen Protest gegen die Art und Weise der Behandlung der Passagiere vorgebracht

hatte, wurde von einem israelischen Beamten gesagt: „Sie sind jetzt in Israel; Sie haben keine Rechte."

193. Den Passagieren wurde während der Abfertigung im Hafen nicht gestattet, einen Rechtsanwalt oder konsularische Dienste in Anspruch zu nehmen. Einige Passagiere haben angegeben, dass Dolmetscher für einige Sprachen verfügbar waren und einige an der Abfertigung beteiligte Bedienstete auch andere Sprachen als Hebräisch sprechen konnten. Trotzdem konnten viele Passagiere nicht verstehen, was ihnen gesagt wurde.

194. Die Ehefrau eines verstorbenen Passagiers wurde mit völligem Unverständnis für ihre Trauer behandelt. Ihr wurde nicht gestattet, ihre Familie durch einen Telefonanruf über ihren Verlust zu informieren. Es gab Beispiele dafür, dass Angehörige einer Familie voneinander getrennt und bis zu ihrer Rückführung in kompletter Unwissenheit über den Verbleib und das Wohlergehen ihrer Verwandten gehalten wurden. Diese Trennung kam zu dem Schmerz und der Angst hinzu, den die Passagiere ohnehin erlitten.

(b) Internierung von Passagieren und Besatzungsmitgliedern im Ella-Gefängnis bei Beersheva

195. Nach der Abfertigung in Ashdot wurde die Mehrzahl der Passagiere gruppenweise in einer ein- bis zweistündigen Autofahrt zu dem in der Nähe von Beersheva gelegenen Ella-Gefängnis überführt. Die Passagiere wurden in normalen Gefängnisfahrzeugen mit vergitterten Fenstern transportiert. Einige Passagiere mussten mehrere Stunden in den Fahrzeugen warten. Ein Passagier hat erklärt, er hätte sowohl in Ashdod als auch am Gefängnis 20 Stunden wartend in einem Kleintransporter verbringen müssen. Viele Passagiere haben sich darüber beklagt, dass es in den Fahrzeugen aufgrund exzessiver Klimatisierung sehr kalt war. Andere haben sich darüber beklagt, dass sie so lange Zeit bei geschlossenen Fenstern in der Sonne in den Transportern eingeschlossen waren, dass sie schließlich kaum Luft zum Atmen hatten. Die Bitte um eine Anpassung der Temperatur oder um Zugang zu einer Toilette wurde entweder ignoriert oder führte in einigen Fällen zur Androhung oder Anwendung von Gewalt.

196. Bei der Ankunft im Gefängnis wurden die meisten Passagiere in Gruppen von bis zu vier Personen in Zellen untergebracht. Mehrere Personen berichteten, dass sie isoliert gehalten wurden und bis zum Verlassen des Gefängnisses mit keinem der anderen Passagiere zusammentrafen.

197. Die meisten Zeugen haben berichtet, dass die Bedingungen im Gefängnis akzeptabel waren; allerdings haben sich einige darüber beklagt, dass sie nach der Ankunft in der Einrichtung erst einmal die Zellen und die Gemeinschaftsbereiche reinigen mussten. Einige haben außerdem angegeben, dass die Toiletten nicht richtig funktionierten, und einige, darunter auch Frauen, haben von Unannehmlichkeiten bei der Benutzung der Duschen aufgrund der Anwesenheit von Überwachungskameras berichtet. Im Allgemeinen wurden die Passagiere mit Lebensmitteln und Wasser versorgt. Viele Passagiere haben sich darüber beklagt, dass sie im Gefängnis durch regelmäßige Appelle, Lärm von den Gefängniswärtern und andere absichtliche Störungen vom Schlafen abgehalten wurden.

198. Viele Passagiere wurden während der Internierung weiteren Befragungen unterzogen; einige haben erklärt, dass dies wiederholt geschah. Es gibt eine Reihe von Anschuldigungen, dass es im Laufe dieser Befragungen zu Schlägen kam.

199. Die meisten Zeugen haben berichtet, dass ihnen weiterhin der Zugang zu einem Rechtsanwalt und der Kontakt mit ihren Botschaften verweigert wurde. Rechtsanwälte einer israelischen Rechtshilfe-NGO haben erklärt, dass sie wiederholt Versuche unternahmen, die Inhaftierten zu besuchen, ihnen aber der Zugang eine Zeit lang verweigert wurde. Als Ihnen Zugang gewährt wurde, hatten sie nur sehr wenig Zeit für jeden Inhaftierten und konnten nur kursorische Befragungen durchführen. Einige Passagiere erhielten Besuch von einem Vertreter ihrer Botschaft, jedoch hatten die meisten keine derartigen Kontakte. Obwohl es einen gewissen Zugang zu Telefonen gab, erlaubten die Telefonkarten, wenn sie ausgegeben wurden, nur sehr begrenzte Gesprächszeiten, so dass Anrufe ins Ausland praktisch unmöglich waren.

200.   Kein in Beersheva inhaftierter Ausländer wurde irgendeines Verge-
       hens angeklagt oder einem Richter vorgeführt. Ein Passagier wurde
       allerdings, nachdem er sein Recht auf ein Gerichtsverfahren einge-
       fordert hatte, in der Nähe des Flughafens vor etwas gestellt, das er
       als ein „Scheingericht" bezeichnete, das ihm seine Abschiebung be-
       scheinigte.

(c) Schlechtbehandlung von Passagieren auf dem Flughafen und Rückführung

201.   Je nach ihrer jeweiligen Ankunftszeit waren die Passagiere zwischen
       24 und 72 Stunden inhaftiert. Jordanier und Passagiere aus bestimm-
       ten anderen Ländern ohne diplomatische Beziehungen mit Israel
       wurden frühzeitig entlassen und auf dem Landweg zurück nach Jor-
       danien transportiert. Die Mehrzahl der Passagiere wurde vom Ge-
       fängnis zum Internationalen Flughafen Ben Gurion in Tel Aviv ge-
       bracht, um auf dem Luftweg rückgeführt zu werden. Viele Passagiere
       haben sich darüber beklagt, dass sie während der Ausweisungsphase
       sowohl am Gefängnis als auch bei der Ankunft am Flughafen erneut
       viele Stunden lang in Gefängnistransportern warten mussten. Eine
       Frau, der wegen der beklemmenden Verhältnisse in ihrem Fahrzeug
       schlecht wurde, hat ausgesagt, dass ihr trotz ihrer Menstruation der
       Zugang zu einer Toilette verweigert wurde.

202.   Die wohl am meisten schockierenden Zeugenaussagen, die der
       Kommission vorgelegt wurden, waren – abgesehen von den Berich-
       ten über die Gewalttätigkeiten auf der *Mavi Marmara* – konsistente
       Berichte über eine Anzahl von Vorfällen extremer und unprovozier-
       ter Gewalt, die israelisches Personal an bestimmtem Passagieren wäh-
       rend der Abfertigungsprozedur auf dem Internationalen Flughafen
       Ben Gurion am Tag der Abschiebung beging. Diese Berichte sind so
       konsistent und anschaulich, dass ihre Glaubwürdigkeit außer Frage
       steht. Im Terminalgebäude war eine einschüchternde Anzahl bewaff-
       neter Soldaten und Polizisten zugegen. Einige Passagiere haben er-
       klärt, diese Beamten hätten „Streit gesucht". Alle Passagiere waren
       mehrfachen Durchsuchungen unterzogen worden und standen an
       dieser Stelle vollständig unter der Kontrolle der Israelis. Die meis-
       ten Passagiere weigerten sich weiterhin, Abschiebungsdokumente
       zu unterschreiben und einige waren entschlossen, auf ein rechtmä-

ßiges Verfahren zu dringen, indem sie auf einem Gerichtsverfahren zur Bestätigung der Abschiebung bestanden. Keiner der beschriebenen Gewaltvorfälle scheint gerechtfertigt zu sein.

203. Einige Passagiere im Passkontrollbereich sahen, wie ein älterer Passagier grob behandelt wurde, nachdem er anscheinend geschlagen worden war. Als andere Passagiere, darunter auch irische und türkische Passagiere, gegen seine Behandlung protestierten, wurden sie von Soldaten mit Schlagstöcken angegriffen. Bei dem Übergriff wurden etwa 30 Passagiere in einer lange anhaltenden Attacke zu Boden gestoßen, getreten und mit den Fäusten geschlagen. Man beobachtete, dass ein irischer Passagier besonders heftig im Bereich des Kopfes geschlagen wurde und in einer Würgestellung gehalten wurde, bis er nahe am Ersticken war. Seine Angreifer identifizierte er als Polizeibeamte. Er wurde dann in eine Gefängniszelle gebracht.

204. Ein von der Schlägerei betroffener türkischer Passagier hat ausgesagt, dass er anschließend von Soldaten festgenommen, mit Handschellen aus Metall gefesselt, an den Handschellen fortgezogen, in einen kleinen Raum gebracht und von fünf oder mehr Soldaten geschlagen und getreten wurde, während andere das Geschehen nach außen hin abschirmten. In diesem Fall intervenierte die Polizei, um die Gewalttätigkeiten zu beenden.

205. Mehrere Frauen wurde von Soldaten herumgestoßen; eine von ihnen wurde mit Fäusten geschlagen. Außerdem wurden sie Opfer sexueller Verhöhnungen.

206. Bei einem gesonderten Vorfall wurde ein Passagier von ca. 17 Beamten körperlich attackiert, nachdem er sich geweigert hatte, ein Ausweisungspapier zu unterschreiben. Er wurde am Kopf getreten und mit der Pistole bedroht. Mehrere Passagiere hatte sich entschieden, Widerstand gegen die Abschiebung zu leisten, um eine Gelegenheit zur Demonstration ihrer Unschuld vor einem israelischen Gericht zu erhalten. Dies wurde von den Israelis als Provokation aufgefasst.

207. Ein Arzt gab eine detaillierte Beschreibung seiner Behandlung ab. Bei der Ankunft im Flughafen rempelte ihn der begleitende Beamte an und versuchte, ihn beim Treppensteigen zum Stolpern zu brin-

Die Kommando-Soldaten sind an Bord.

Henning Mankell, der berühmte schwedische Krimiautor.

Ein israelisches Boot umkreist die Mavi Marmara.

Die Passagiere werden eingesammelt.

gen. Als er dann einen Kontrollpunkt passierte, wurde er verbal beleidigt. Ein Beamter gab im einen leichten Schlag auf den Hinterkopf, und als er dagegen protestierte, ging eine Gruppe Uniformierter auf ihn los, schlug ihn zu Boden und misshandelte ihn wiederholt mit Faustschlägen und Fußtritten. Dann wurde er außer Sicht der anderen Passagiere gezogen, wo die Angriffe weitergingen. Es wurde versucht, seine Finger zu brechen. An die hinter dem Rücken verschränkten Arme bekam er Handschellen aus Metall angelegt, und zwar so eng, dass er in einer Hand das Gefühl verlor. Danach wurde er an den Handschellen hochgezogen und gegen eine Wand gestoßen. Als er um Lockerung der Handschellen bat, sagte man ihm, dass dies der Preis sei, den er für den Versuch bezahlen müsse, nach Gaza zu kommen, und dass dies „gut für seine Gesundheit" sei. Er trug eine Jacke, die ihn deutlich als Arzt auswies; seiner Aussage nach erfolgten die Attacken völlig unprovoziert.

208. Es gab weitere Vorfälle isolierter Gewalttätigkeiten gegen einzelne Passagiere, die als unkooperativ erachtet wurden. Ein Passagier wurde gesehen, dessen Arm von Polizisten so weit auf den Rücken gedreht wurde, dass der Arm brach. Ein anderer wurde von etwa 10 Soldaten getreten und geschlagen, mit Handschellen gefesselt und mit einem Fahrzeug zu einem anderen 10 bis 15 Minuten entfernten Ort gebracht, wo er von Soldaten bis zu zwei Stunden lang misshandelt wurde. Als er zum Flughafen zurückkehrte, blutete er am Kopf.

209. Ein großer Teil des militärischen und des Polizeipersonals auf dem Flughafen beging schwere, unprofessionelle Verstöße gegen die militärische Disziplin, wobei es die befehlshabenden Offiziere in den meisten Fällen unterließen, unverzüglich einzugreifen. Dieses Verhalten war sicherlich in vielen Fällen auch nach innerstaatlichem israelischem Recht als kriminell einzustufen.

210. Die meisten Passagiere wurden ungeachtet ihrer jeweiligen Staatsangehörigkeit an Bord eines von der Regierung der Türkei zur Verfügung gestellten Flugzeugs abgeschoben. Die jordanischen Gefangenen wurden allerdings mit dem Bus über die Landesgrenze zwischen Israel und Jordanien abgeschoben. Die griechischen Passagiere wurden an Bord eines griechischen Militärflugzeugs, das von der Regierung Griechenlands gesandt worden war, auf dem Luft-

weg zurück nach Athen transportiert. Mindestens ein Passagier mit doppelter Staatsangehörigkeit, der auch die israelische Staatsangehörigkeit hatte, entschied sich dafür, sich nicht abschieben zu lassen, um seine israelischen Bürgerrechte nicht zu gefährden. Ihm wurde zwar mit Strafverfolgung gedroht, aber er wurde in Israel frei gelassen und verließ das Land später ungehindert.

211. Einige Passagiere mussten viele Stunden lang an Bord des Flugzeugs warten, während die Ausweisungsprozeduren für die anderen Passagiere zu Ende geführt wurden. Einige Passagiere haben erklärt, dass sie das Flugzeug am Morgen betraten und erst nach Mitternacht starteten.

(d) Behandlung verletzter Passagiere in israelischen Krankenhäusern

212. Israelischen Quellen zufolge wurden 31 verwundete Passagiere von der *Mavi Marmara* auf dem Luftweg in verschiedene Krankenhäuser in Tel Aviv, Jerusalem, Haifa und anderenorts gebracht. Alle Zeugen haben berichtet, dass es an ihren Betten oder außerhalb ihrer Zimmer stationierte Wachen gab, entweder Polizisten oder Soldaten oder beides. Sie blieben zwischen drei und fünf Tagen im Krankenhaus, wo sie ärztlich versorgt wurden, und wurden dann per Flugzeug in die Türkei überführt. Die meisten wurden zur weiteren Behandlung direkt zum Atatürk-Forschungskrankenhaus in Ankara gebracht.

213. Einige in israelischen Krankenhäusern behandelte Passagiere haben bestätigt, dass sie durch das medizinische Personal gut versorgt wurden, aber andere haben von verbalen Beleidigungen und Verhöhnungen durch ihre Wachen berichtet. Mehrere Zeugen haben erklärt, dass sie während ihres ganzen Krankenhausaufenthalts nicht richtig schlafen konnten, was in einigen Fällen die Folge absichtlicher Störungen durch die Wachen war. Die Patienten wurden denselben wiederholten Befragungen durch Polizei und Militär sowie starkem Druck zum Unterschreiben hebräischer Dokumente unterzogen, wie dies auch von den anderen Passagieren in Ashdod erlebt wurde. Einige Patienten wurden von einem Repräsentanten ihrer Botschaft oder von Repräsentanten des Internationalen Komitees des Roten Kreuzes besucht.

214. Viele von denen, die in israelischen Krankenhäusern behandelt wurden, haben berichtet, dass sie während ihres gesamten Aufenthalts mit normalen Metall-Handschellen an ihre Betten gekettet waren. Einige waren auch an ihren Fußgelenken festgebunden. Dabei handelte es sich um ernstlich verletzte Menschen, und die Fesselung wurde ohne erkennbare Rücksicht auf ihre Verletzungen vorgenommen.

2. Rechtliche Beurteilung der Behandlung der Passagiere in Israel

(a) Willkürliche oder unrechtmäßige Festnahme oder Inhaftierung

215. Wie oben festgestellt, schützt Art. 9 Absatz 1 des Internationalen Pakts über bürgerliche und politische Rechte davor, willkürlich festgenommen oder in Haft gehalten zu werden. Da das Abfangen der Flottille durch Israel unrechtmäßig war, war auch die Verhaftung der Passagiere und Mannschaften der sieben Schiffe in Ashdod dem ersten Augenschein nach unrechtmäßig, denn die israelischen Behörden hatten keine gesetzliche Grundlage für die Gefangennahme dieser Menschen und ihren Transport nach Israel. Die Passagiere befanden sich in Israel auf Grund eines unrechtmäßigen Akts des israelischen Staats. Die israelischen Behörden waren daher verpflichtet, mit diesen Menschen in Übereinstimmung mit ihren Obliegenheiten hinsichtlich der internationalen Menschrechte umzugehen. Sobald sie in Israel angekommen waren, versuchten die israelischen Behörden allerdings, die Unrechtmäßigkeit ihrer Abfangaktion durch einen Schleier der Legalität zu verdecken.

216. Bei der Ankunft in Ashdod gab es Versuche, die Passagiere zum Unterschreiben bestimmter Dokumente zu bringen, die von diesen als Eingeständnis ihrer illegalen Einreise nach Israel verstanden wurden. Die Passagiere weigerten sich fast durchgängig, diese Dokumente zu unterschreiben. Grund dafür war die Überlegung, dass sie gegen ihren Willen nach Israel gebracht worden waren und ihnen deshalb nicht vorgeworfen werden konnte, illegal in das Land ein-

gereist zu sein. Damit wollten sie vermeiden, dass sie, obwohl Opfer einer illegalen Handlung des israelischen Staates, der illegalen Handlung des Einreisens nach Israel schuldig befunden werden könnten. Die Kommission teilt diese Bedenken und ist der Ansicht, dass die fortgesetzte Inhaftierung in Ashdod, Beersheva und auf dem Flughafen eine Fortsetzung ihrer unrechtmäßigen Verhaftung darstellt, die von den Soldaten auf den Schiffen nach der Abfangaktion begonnen worden war.

217. Einige Passagiere wollten die Rechtmäßigkeit dieser Verhaftung in Frage stellen und dadurch die Aufmerksamkeit auf die illegalen Handlungen lenken, die zu ihrer Ankunft in Israel geführt hatten. Sie bestanden auf ihrem Recht, vor einem Richter zu erscheinen, und sagten aus, dass sie Vorladungen erhielten, um vor einem Gericht zu erscheinen und sich dort zu verantworten. Die Kommission hat keinerlei Kopien von gerichtlichen Dokumenten erhalten, die zeigen, dass die an der Flottille Beteiligten irgendwelcher strafbarer Handlungen in Israel beschuldigt worden wären. Wäre dies der Fall gewesen, so würde die Verweigerung des Rechts auf eine faire Verhandlung vor einem unabhängigen, unparteiischen und zuständigen Gericht eine Verletzung ihrer Rechte gemäß Artikel 14 des Internationalen Zivilpaktes darstellen.

(b) Folter oder grausame, unmenschliche oder erniedrigende Behandlung oder Bestrafung

218. Die israelischen Behörden waren jederzeit verpflichtet, die Festgehaltenen in Übereinstimmung mit den internationalen Verpflichtungen zu behandeln und sie vor Beeinträchtigungen zu schützen. Die Kommission ist der Ansicht, dass die Phase der Verhaftungen zwar vorgeblich in einem legalen Rahmen vor sich ging, dass aber die durchgehend feindselige Haltung, mit der man den Passagieren begegnete, die stattgefundenen Misshandlungen ermöglichte.

219. Die Aussagen der Passagiere umfassen eine Reihe glaubwürdiger Anschuldigungen, dass von israelischen Beamten, Soldaten und Polizisten im Abfertigungszentrum in Ashdod, im Gefängnis und auf dem Flughafen Gewalttätigkeiten und Misshandlungen begangen

wurden. In manchen Fällen scheinen die Gewalttätigkeiten grundlos gewesen zu sein; in anderen Fällen schienen sie insbesondere darauf abzuzielen, die Einhaltung bestimmter Maßnahmen (Unterschreiben von Formularen, Abnahme der Fingerabdrücke) zu erzwingen oder einzelne Personen wegen ihrer diesbezüglichen Weigerung zu bestrafen. Die Kommission ist der Ansicht, dass von israelischen Beamten Folterhandlungen an Passagieren während der Zeit der Inhaftierung in Israel begangen wurden, die eine Verletzung des Artikels 1 der Anti-Folter-Konvention und der Artikel 7 und 10 des Internationalen Paktes über bürgerliche und politische Rechte darstellen.

220. Es gab andere Vorkommnisse, bei denen das Verhalten von israelischen Beamten auf die Demütigung Einzelner abzielte und die, wenn auch keine Folter, eine grausame, unmenschliche oder erniedrigende Behandlung oder Bestrafung im Sinne des Artikel 16 der Antifolter-Konvention darstellen. Leibesvisitationen wurden nicht immer in Übereinstimmung mit anerkannten Methoden durchgeführt, die auf den Schutz der Würde der durchsuchten Person abzielen, und die Häufigkeit der Durchsuchungen lässt vermuten, dass sie der Demütigung und Erniedrigung und nicht der Erfüllung von Sicherheitsanforderungen dienten. Die Kommission möchte besonders auf die Behandlung aufmerksam machen, die einige Frauen im Abfertigungszentrum durch weibliche israelische Beamte erfuhren und die keineswegs akzeptabel war.

(c) Zurschaustellung von Gefangenen

221. Obwohl die in Ashdod ankommenden Passagiere und Mannschaften nicht als Kriegsgefangene klassifiziert werden können, tragen die von den Befragten beschriebenen Szenen am Kai die Kennzeichen eines „Triumphs", bei dem festgenommene Kriegsgefangene vor Fähnchen schwingenden Menschenmengen zur Schau gestellt werden. Kriegsgefangene wären gegen ein solches entwürdigendes Spektakel durch Artikel 13 der 3. Genfer Konvention geschützt, der sie vor „Beleidigungen und der öffentlichen Neugier" bewahrt. Als Zivilisten hätte man den Flottillenpassagieren denselben Schutz auf elementarer Ebene einräumen sollen, der auch unter die Bestimmungen des allgemeinen Gewohnheitsrechts fällt und Zivilisten vor

Angriffen auf ihre Würde bewahrt. Die Tatsache, dass die israelischen Behörden diesen Schutz versagten, kann unter anderem auch als eine Verletzung der Unschuldsannahme nach Artikel 14 (2) des Internationalen Zivilpaktes ausgelegt werden, vergleichbar mit der öffentlichen Zurschaustellung von Personen, die im Verdacht stehen, Straftaten begangen zu haben. Unabhängig von dem Verdacht, an Bord der Flottille kriminelle Handlungen begangen zu haben, wären alle Passagiere vor der öffentlichen Neugier zu schützen gewesen.

(d) Recht auf persönliche Sicherheit und menschliche Würde

222.   Die schwer wiegenden Vorfälle von Gewalt, die von israelischen Militär- und/oder Polizeibediensteten auf dem Internationalen Flughafen Ben Gurion begangen wurden, stellen eindeutig schwere Verstöße gegen den Schutz dar, der den Gefangenen gemäß den internationalen Menschrechten und dem humanitären Völkerrecht hätte gewährt werden müssen. Artikel 9 des Internationalen Zivilpaktes beinhaltet das Recht auf persönliche Sicherheit, und Artikel 10 garantiert, dass „jeder, dem seine Freiheit entzogen ist, … menschlich und mit Achtung vor der dem Menschen innewohnenden Würde behandelt werden muss". Soweit die zuteil gewordene Behandlung von Soldaten und Polizisten verübt wurde, teilweise mit Einverständnis ihrer Vorgesetzten, kann dieses Verhalten auch als Folter bezeichnet werden. Der Kommission erscheint es evident zu sein, dass diese Handlungen auf dem Flughafen zu einer Zeit, als die Passagiere vollständig unter der Kontrolle der Behörden standen, Versuche einzelner Gruppen von Bediensteten darstellten, ihnen kurz vor der Abreise noch „eins zu verpassen".

223.   Andere Vorfälle von körperlicher Misshandlung und schlechter Behandlung während der Gefangennahme und der Abschiebung, über die berichtet wurde, stellen in ähnlicher Weise Verstöße gegen das Recht auf persönliche Sicherheit dar.

224.   Der Verhaltenskodex für Beamte mit Polizeibefugnissen legt einige elementare Verpflichtungen fest, denen alle israelischen Militär- und Polizeiangehörigen hätten folgen müssen, als sie mit der Betreuung

der Passagiere beauftragt waren. Dazu gehören die Verpflichtungen, die menschliche Würde zu respektieren und zu schützen und die Menschenrechte aller Personen aufrecht zu erhalten (Art. 2), Gewalt nur anzuwenden, wenn es unbedingt erforderlich ist, und nur in dem Umfang, der zur Erfüllung ihrer Pflichten notwendig ist (Art. 3), und keinerlei Folterungen oder sonstige grausame, inhumane oder erniedrigende Behandlungen oder Bestrafungen zuzufügen. Alle diese Verpflichtungen wurden von bestimmten israelischen Beamten in bestimmten Situationen während der Gefangennahme und der Ausweisung missachtet.

(e) Andere Rechte von Gefangenen

225. Unabhängig von der Behauptung, die Verhaftung der Flottillenteilnehmer in Israel sei rechtmäßig, war der israelische Staat verpflichtet, den Verhafteten während ihres Haftaufenthalts gewisse elementare Rechte zu gewähren. Die der Kommission vorgetragenen Tatsachen lassen darauf schließen, dass diese Rechte in bestimmten Fällen nicht respektiert wurden.

226. Artikel 10 des internationalen Zivilpaktes legt fest, dass eine Person, der die Freiheit entzogen worden ist, menschlich und mit Achtung vor der einem Menschen innewohnenden Würde behandelt werden muss. Diese Bestimmung wird unter Anderem ergänzt durch den Grundsatzkatalog für den Schutz aller irgendeiner Form von Haft oder Strafgefangenschaft unterworfenen Personen (1988) und den Verhaltenskodex für Beamte mit Polizeibefugnissen (1979). Obwohl in Ashdod eine Station für die Abfertigung der ausgeschifften Passagiere eingerichtet worden war, ist deutlich geworden, dass die von den Beamten gegenüber den unter ihrer Obhut stehenden Passagieren offenbarte Feindseligkeit zu einem Verhalten führte, das elementare Grundsätze eines zivilisierten Umgangs mit Gefangenen verletzte.

227. Aufgrund von Sprachproblemen gab es Schwierigkeiten, sicherzustellen, dass alle von Bord gehenden Passagiere die rechtlichen Abläufe und Maßnahmen verstanden, denen sie unterworfen wurden. Obwohl die israelischen Behörden eindeutig versuchten, die For-

mulare nicht nur auf Hebräisch vorzulegen, und einige Beamte verfügbar waren, die Englisch, Arabisch und Türkisch sprechen konnten, verstanden zweifellos viele Passiere nicht, was mit ihnen geschah. Artikel 9 Paragraph 2 des Internationalen Zivilpaktes erfordert, dass inhaftierte Personen über die Gründe ihrer Verhaftung und Inhaftierung informiert werden. Grundsatz 14 des Grundsatzkatalogs legt fest, dass eine Person, die die Sprache nicht ausreichend versteht oder spricht, die von der für ihre Festnahme, Haft oder Strafgefangenschaft verantwortlichen Behörden verwendet wird, Anspruch darauf hat, umgehend bestimmte Informationen in Zusammenhang mit ihrer Verhaftung und Haft in einer für sie verständlichen Sprache zu erhalten, und im Zusammenhang mit dem sich an ihre Festnahme anschließenden Gerichtsverfahren den Anspruch auf eine erforderlichenfalls unentgeltliche Heranziehung eines Dolmetschers hat. Die Kommission stellt fest, dass diese Rechte vielen Gefangenen nicht gewährt wurden.

228.   Darüber hinaus gibt es Beweise dafür, dass Gefangene von israelischen Beamten ausdrücklich falsch über ihre rechtliche Situation informiert wurden, insbesondere hinsichtlich der Ausweisungspapiere, die zu unterschreiben sie aufgefordert wurden. In einem absurden Beispiel wurde einer Person ihrer Aussage zufolge gesagt, dass ihre Weigerung, das Ausweisungsformular zu unterschreiben, die Todesstrafe nach sich ziehen würde – eine Behauptung, die die gefangene Person selbst nicht ernst nahm. Grundsatz 21 des Grundsatzkatalogs verbietet es, *„die Situation des Inhaftierten oder Strafgefangenen auszunutzen, um ihn zu einem Geständnis, zu einer anderweitigen Belastung seiner selbst oder zur Aussage gegen einen anderen zu zwingen“.*

229.   Insbesondere forderten viele Gefangene bei zahlreichen Gelegenheiten den Zugang zu einem Rechtsbeistand und/oder zum Konsulardienst ihrer Botschaften oder diplomatischen Vertretungen in Israel. Obwohl einige letztendlich Besuche von Rechtshilfe-Anwälten und diplomatischen Vertretern erhielten, war dies bei anderen nicht der Fall. Grundsatz 17 des Grundsatzkatalogs legt fest, dass *„der Inhaftierte [...] darauf Anspruch [hat], sich des Beistands eines Verteidigers zu bedienen. Er ist umgehend nach seiner Festnahme von der zuständigen Behörde über dieses Recht zu belehren, und es ist ihm ausreichend Gelegenheit zu*

geben, dieses auch wahrzunehmen ". Darüber hinaus stellt Grundsatz 16 (2) fest:

> *Ist der Inhaftierte oder Strafgefangene Ausländer, so ist er außerdem unverzüglich über sein Recht zu unterrichten, auf geeignete Weise Verbindung aufzunehmen mit einer konsularischen Vertretung oder der diplomatischen Vertretung des Staates, dessen Staatsangehöriger er ist, oder die sonst nach dem Völkerrecht zur Entgegennahme derartiger Mitteilungen berechtigt ist, oder mit dem Vertreter der zuständigen internationalen Organisation, falls es sich um einen Flüchtling handelt oder jemanden, der sonstwie unter der Obhut einer zwischenstaatlichen Organisation steht.*

Jeder dieser Vorschrift entsprechende Informationsaustausch muss ohne Verzögerung durchgeführt oder gestattet werden. Den meisten Gefangenen, die Zugang zu einem Konsul erhielten, wurde dieser Zugang erst mehrere Tage nach ihrer ursprünglichen Verhaftung und ihrer Forderung nach einem solchen Zugang gewährt.

230. Grundsatz 18 sieht vor, dass „der Inhaftierte oder Strafgefangene [...] Anspruch [darauf hat], mit seinem Verteidiger zu verkehren und sich mit ihm zu beraten [und dass ihm] genügend Zeit und Gelegenheit zu geben [ist], sich mit seinem Verteidiger zu beraten". Die israelischen Rechtshilfe-Anwälte, die Zugang zu einigen der Inhaftierten erhielten, waren innerhalb der von den Behörden für den Besuch bemessenen Zeit kaum in der Lage, mehr als ein paar Minuten mit jedem Gefangenen zu verbringen.

231. Alle Gefangenen beklagten, dass ihnen nicht die Möglichkeit gegeben wurde, ihre Familien zu kontaktieren, die verzweifelt und besorgt gewesen seien, nachdem sie Nachrichten über das Abfangen der Flottille gehört hatten. In einem Fall extremer Gefühllosigkeit war es der Ehefrau eines der Getöteten nicht möglich, ihre Familie anzurufen, um sie über ihren schmerzlichen Verlust zu informieren. Obwohl für einige Gefangene im Gefängnis Telefone verfügbar waren, konnten sie nicht dafür genutzt werden, die zahlreichen internationalen Telefonanrufe durchzuführen, die im Falle dieser speziellen Gruppe von Gefangenen aus mehr als 40 Ländern erforderlich waren. Grundsatz 16 (1) des Grundsatzkatalogs legt fest, dass ein

Inhaftierter „*sogleich nach der Festnahme und nach jeder Verlegung aus einer Haft- oder Strafanstalt in eine andere [...] darauf Anspruch [hat], seine Familienangehörigen oder andere in Betracht kommende Personen seiner Wahl über seine Festnahme, Haft oder Strafgefangenschaft oder über seine Verlegung und den Ort, an dem er in Gewahrsam gehalten wird, zu benachrichtigen oder eine Benachrichtigung durch die zuständige Behörde zu verlangen ...*". Diese Forderung ist unverzüglich umzusetzen.

(f) Behandlung verletzter Personen in der Haft

232.   Den meisten Passagieren wurde eine, wenn auch nur oberflächliche, ärztliche Untersuchung in Übereinstimmung mit Grundsatz 24 des Grundsatzkatalogs zuteil, der festlegt: „*Der Inhaftierte oder Strafgefangene ist so rasch wie möglich nach seiner Aufnahme in die Haft- oder Strafanstalt einer angemessenen ärztlichen Untersuchung zu unterziehen und später nach Bedarf ärztlich zu betreuen und zu behandeln.*"

233.   In einigen Fällen erhielten verletzte Passagiere, darunter auch solche, die durch von israelischen Bediensteten begangene Tätlichkeiten verletzt worden waren, keine sofortige ärztliche Hilfe. Artikel 6 des Verhaltenskodex legt fest, dass es „*Beamten mit Polizeibefugnissen obliegt [...], dafür zu sorgen, dass die Gesundheit der in ihrem Gewahrsam befindlichen Personen in vollem Umfang geschützt ist, und insbesondere unverzüglich für deren ärztliche Betreuung zu sorgen, wann immer dies erforderlich ist*".

D. Beschlagnahme und Rückgabe von Eigentum
durch die israelischen Behörden

1. Beschreibung der Tatsachen und Ergebnisse

234. Die Kommission erachtet die folgenden Tatsachen als hinreichend
festgestellt.

*(a) Eigentum von Passagieren, das von den israelischen Behörden
beschlagnahmt wurde*

235. Die Kommission hat von Passagieren an Bord aller sechs Schiffe
der Flotte Berichte erhalten über die Beschlagnahme durch israelische Behörden von Bargeld und verschiedenen persönlichen Effekten, etwa Pässen, ID-Karten, Führerscheinen, Mobiltelefonen, Laptops, Audiogeräten wie MP3-Spielern, Fotoapparaten, Videokameras,
Kreditkarten, Dokumenten, Büchern und Kleidungsstücken. Diese
Gegenstände wurden zu verschiedenen Zeiten abgenommen, vor
allem noch an Bord der Schiffe (während Leibesvisitationen), oder
es sind Gegenstände, die sich in anderen Bereichen des Schiffs befanden und die zu holen ihnen nicht erlaubt war, oder während der
Abfertigung in den Hafteinrichtungen von Ashdod. Die Kommission schätzt, dass mehrere Hunderte kostspielige elektronische Geräte im Besitz der israelischen Behörden verbleiben. Viele Passagiere
trugen beträchtliche Spendenbeträge mit sich, welche in Gaza ver-
teilt werden sollten, in einigen Fällen betrugen diese zehntausende
Dollar. Hinsichtlich Bargeld bestand bei den Israelis eine uneinheit-
liche Praxis: Einigen Passagieren wurde erlaubt, das Bargeld während der Dauer der Haft zu behalten, von einigen wurde das Geld
beschlagnahmt und später zurückgegeben, anderen wurde das Geld
abgenommen und sie erhielten es nicht zurück.

236. Außerdem wurden zwar den meisten Passagieren vor ihrer Abreise
aus Israel ihre Pässe zurückgegeben und weitere wurden zwischen-
zeitlich zurückgegeben, einzelne Passagiere haben jedoch beinahe

vier Monate nach dem Zwischenfall ihre Pässe immer noch nicht zurückerhalten.

237. Es ist nach Ansicht der Kommission klar, dass die israelischen Behörden kein systematisches System zur Erfassung der beschlagnahmten Gegenstände und Identifizierung der persönlichen Effekten im Hinblick auf deren Rückgabe an die rechtmäßigen Eigentümer eingerichtet hatten. An Bord der verschiedenen Schiffe führten die israelischen Streitkräfte eingehende Durchsuchungen des Gepäcks der Passagiere durch, wobei nachher deren persönliche Effekten in großem Durcheinander in den Kabinen herumlagen. Ein Zeuge, der isoliert und geschlagen wurde, beschrieb die surreale Erfahrung, in Handschellen auf einem Berg von Laptops und elektronischen Geräten zu sitzen und dabei in den Genuss einer „Serenade" der Klingeltöne der Mobiltelefone zu gelangen, als diese beim Annähern von Ashdod wieder mit dem Netz verbunden wurden.

238. Einige Gegenstände wurden den türkischen Behörden übergeben, und manche Passagiere erhielten zumindest Teile ihres Gepäcks über das Gericht in Istanbul zurück. Als die Schiffe später aus israelischem Gewahrsam zurückgegeben wurden, wurden Gepäck und weitere noch an Bord herumliegende Gegenstände in einem Lagerhaus der IHH in Istanbul aufbewahrt. Passagiere, die zum Lagerhaus gingen, konnten jedoch nur einige Kleidungsstücke und leere Koffer in Empfang nehmen. Die Kommission wurde informiert, dass einige Gegenstände britischer Passagiere diesen per Post über das britische Konsulat in Israel zurückgeschickt wurden, dass diese Gegenstände jedoch beschädigt waren oder ihnen gar nicht gehörten.

239. Die Kommission wurde auf verschiedene Anschuldigungen betreffend den Missbrauch beschlagnahmter Gegenstände, insbesondere Laptops, Kreditkarten und Mobiltelefone, durch die israelischen Behörden aufmerksam gemacht. Am 20. August 2010 wurde in den israelischen Medien berichtet, dass „mindestens vier" israelische Soldaten wegen Verdacht auf Diebstahl und Verkauf von Laptops, welche Passagieren an Bord der Flottille gehörten,[102] verhaftet worden wa-

---

[102] http://www.haaretz.com/news/diplomacy-defence/idf-soldiers-suspected-of-theft-from-gaza-flotilla-ship-1.308862

ren. Außerdem haben mindestens vier Passagiere angegeben, dass persönliche Gegenstände von ihnen, darunter Kreditkarten und Mobiltelefone, später in Israel benutzt wurden. Insbesondere von einem Journalisten, der an Bord der *Sfendoni* war, liegt die Aussage vor, sowohl während seiner Inhaftierung in Beersheba als auch nach seiner Freilassung sei seine Kreditkarte in Israel zum Kauf von Waren missbraucht worden.[103] Es gibt eine weitere Aussage, nach der mehr als USD 1.000 mit einer beschlagnahmten Kreditkarte in Israel ausgegeben wurden.[104]

240.   Unter den von den israelischen Behörden beschlagnahmten und nicht zurück gegebenen Gegenständen befindet sich eine große Menge von Fotos und Videoaufzeichnungen, welche von den Passagieren an Bord der Schiffe der Flottille, unter ihnen viele professionelle Journalisten, mit elektronischen und anderen Mitteln aufgenommen worden waren. Darunter ist auch viel Foto- und umfangreiches Videomaterial über den israelischen Angriff und das Aufgreifen der *Mavi Marmara* und anderer Schiffe. Die israelischen Behörden haben in der Folge eine sehr beschränkte Menge dieses Materials in überarbeiteter Form der Öffentlichkeit zugänglich gemacht,[105] aber das meiste verblieb unter Kontrolle der israelischen Behörden.

241.   Die Kommission ist überzeugt, dass dies einen absichtlichen Versuch der israelischen Behörden darstellt, Beweise und andere Informationen im Zusammenhang mit den Ereignissen des 31. Mai an Bord der *Mavi Marmara* und anderer Schiffe der Flottille zu unterdrücken oder zu zerstören.

242.   Viele Journalisten, die sich in beruflicher Funktion an Bord der Flottille befanden, haben inzwischen verschiedene Klagen eingereicht betreffend diese Beschlagnahme ihrer Daten und Geräte sowie die

---

[103]   http://www.haaretz.com/print-edition/news/italian-flotilla-journalist-my-credit-card-was-used-after-idf-confiscated-itas

[104]   http://www.guardian.co.uk/world/2010/jun/18/gaza-convoy-activists-debit-card-fraud

[105]   beispielsweise Aufnahmen, die ein Passagier vom Oberdeck machte, während israelische Soldaten sich auf das Deck abseilten: http://youtube.com/watch?v=S6Xm8Irz-so

Nichtbezahlung von Schadenersatz und Entschädigung. Ein Beispiel hiefür ist ein Schreiben im Namen von etwa 60 Journalisten, welches an die EU-Kommission gerichtet wurde und diese zum Handeln auffordert. Die Kommission weiß von formellen Klagen, die in Vorbereitung sind im Namen einer Anzahl Passagiere, deren Eigentum an Bord der *Mavi Marmara* und anderer Schiffe weggenommen oder beschlagnahmt wurde. Die Kommission veranschlagt den Wert dieses Eigentums als nicht unbeträchtlich.

(b) Durch die israelischen Behörden beschlagnahmte Schiffe der Flottille

243.   Die sechs Schiffe der Flottille wurden von den israelischen Behörden während längerer Zeit zurück behalten. Beispielsweise wurden die *Mavi Marmara*, die *Defne Y* und die *Gazze I* erst am 7. August zum türkischen Hafen Iskenderun gebracht, zwei Monate nachdem sie im Hafen von Ashdod in Israel angelangt waren.

244.   Die *Mavi Marmara* war in einem schadhaften Zustand, als sie in die Türkei zurückkehrte. Der Kapitän des Schiffes und andere Mitglieder der Mannschaft bestätigten, dass die beschädigten Gegenstände voll funktionsfähig gewesen waren, als das Schiff am 31. Mai von den israelischen Behörden unter Kontrolle genommen wurde. Die eigenen Untersuchungen der Kommission bestätigten, dass Apparaturen zerstört oder schwer beschädigt worden waren, unter anderem zwei automatische Identifikationssysteme (AIS) sowie ein Kreiselbildschirm, zwei VHF-Hochfrequenzradiolautsprecher, Beobachtungsgeräte und andere Apparate, die VHF- und VHF-DSC-Empfänger, MF-HF-Radio und DSC-Geräte, die Steuerpultanzeige, der Geschwindigkeitsmessbildschirm, der INMARSAT-C-Bildschirm, der Ersatzbildschirm für den Raytheon-Plotter-Radar, zwei GPS und das Steuerpult für den Feueralarm. Weitere Gegenstände waren entfernt worden, darunter ein Satellitentelefon, der Bordcomputer und dessen Ersatzeinrichtungen, das Schiffsjournal und alle Dokumente einschließlich des Zertifizierungsordners. Im Maschinenraum waren der Steuerraumgenerator und das Hauptarmaturenbrett zerstört und das Schaltarmaturenbrett beschädigt. In der Lenzwasserkammer des Maschinenraums war Öl verschmutztes Wasser, Tauchpumpen lagen herum, Ersatzteile des Dieselgenerators waren verstreut, man sah La-

chen aus Salzwasser, und aus Leckstellen trat Öl aus. Außerdem hatte man an den Maschinenkommando- und Steuerungssystemen herumgepfuscht.

2. Rechtliche Analyse der Verweigerung von Eigentum und Recht auf freie Meinungsäußerung

245. Die Kommission ist besorgt, dass die Aktionen der israelischen Behörden, d.h. Beschlagnahme, Vorenthalten und teilweises Zerstören von Privateigentum von vielen hundert Passagieren an Bord der Schiffe der Flottille eine Verletzung sowohl des Eigentumsrechts wie des Rechts auf freie Meinungsäußerung darstellen.

246. Artikel 17 der Allgemeinen Erklärung der Menschenrechte stellt fest, dass „jede Person das Recht hat, Eigentum zu besitzen, sowohl allein wie in Gemeinschaft mit anderen; niemandem darf willkürlich sein Eigentum vorenthalten werden". Nachdem die Allgemeine Erklärung als Bestandteil des geltenden Völkerrechts betrachtet wird, darf kein Staat willkürlich jemandem sein Eigentum vorenthalten. Die Kommission ist der Ansicht, dass die israelischen Behörden, indem sie die Rechte von vielen hundert Passagieren an Bord der Flottille an ihrem Eigentum missachtet haben, den Verpflichtungen eines Staates hinsichtlich der Eigentumsrechte nicht nachgekommen sind.

247. In Bezug auf das humanitäre Völkerrecht besagt Artikel 97 der 4. Genfer Konvention: „Internierten soll gestattet sein, Artikel zum persönlichen Gebrauch zu behalten. Geld und Wertsachen in ihrem Besitz dürfen ihnen nur in Übereinstimmung mit festgelegten Verfahren abgenommen werden. Bei ihrer Freilassung oder Heimführung sollen Internierten alle ihnen während der Internierung abgenommenen Gegenstände, Geldbeträge oder andere Wertsachen zurückgegeben werden … mit Ausnahme von Gegenständen oder Beträgen, welche die Internierungsbehörde aufgrund geltender Gesetze zurückbehält. Wenn das Eigentum eines Internierten auf diese Weise zurückbehalten wird, soll der Eigentümer eine detaillierte

Quittung erhalten. Familien- oder Identitätsdokumente im Besitz des Internierten dürfen nicht ohne Ausstellung einer Quittung weggenommen werden …"

248. Im Weiteren hat der Internationale Strafgerichtshof für das ehemalige Jugoslawien festgehalten, dass Zerstörung oder Beschlagnahme von Eigentum rechtswidrig ist, sofern dies nicht durch militärische Notwendigkeit zu rechtfertigen ist.[106] Es bestand offensichtlich keine militärische Notwendigkeit, welche die Beschlagnahme und die andauernde Inbesitznahme von Eigentum der Passagiere der Flottille gerechtfertigt hätte. Im Weiteren wurde die Kommission auf den Schriftwechsel zwischen der israelischen Regierung und einer Anwaltskanzlei in Großbritannien aufmerksam gemacht, in welchem die israelische Regierung zugibt, Eigentum von Passagieren zurückbehalten zu haben; aber sie beruft sich dabei nicht auf militärische Notwendigkeit, sondern nur darauf, dass diese Gegenstände für die laufende Untersuchung in Israel benötigt würden.

249. Art. 19(2) des Internationalen Paktes über bürgerliche und politische Rechte besagt: *„Jede Person hat das Recht auf freie Meinungsäußerung; dies beinhaltet das Recht, Informationen und Ideen aller Art und über alle Grenzen hinweg zu suchen, zu erhalten und weiterzugeben, sei dies mündlich, schriftlich oder gedruckt, in Form von Kunst, oder durch andere Medien ihrer Wahl."* Dieses Recht kann zwar gewissen in Art. 19(3) aufgeführten Einschränkungen unterworfen sein, es treffen jedoch in diesem Fall keine solchen zu, die es den israelischen Behörden erlaubt hätten, die Rechte von Journalisten und anderen Passagieren einzuschränken, die an Bord der Schiffe der Flottille gewonnenen Informationen frei zu benutzen und weiterzugeben. Insbesondere Journalisten haben das Recht, die Instrumente ihres Berufes zu nutzen. Die Kommission erachtet die Aktionen der israelischen Behörden als fortgesetzte Verletzung des Rechts auf freie Meinungsäußerung der Journalisten und übrigen Passagiere an Bord der Flottille.

---

[106] ICTY, Urteil, Staatsanwaltschaft von Dario Kordic und Mario Cerkez IT-95-14/2-T

E. Folgen ihrer Beteiligung an der Flottille für israelische Staatsangehörige

Beschreibung der Fakten und Ergebnisse

250. Die Kommission stellt fest, dass die nachstehenden Fakten hinreichend nachgewiesen wurden.

(a) Verhaftung und strafrechtliche Verfolgung israelischer Staatsangehöriger

251. Passagiere israelischer Staatsangehörigkeit wurden bei der Ankunft in Ashdod von den übrigen Passagieren getrennt. Nach der Befragung wurde ihnen mitgeteilt, dass sie inhaftiert würden und ein Strafverfahren gemäß israelischem Recht zu gewärtigen hätten, unter anderem wegen versuchter Tötung von Soldaten, Ergreifen von Waffen, Abfeuern der Waffe eines Soldaten, Organisation von Gewalt und Anwesenheit in einer militärischen Zone. Obwohl sie in verschiedene Gefängnisse überführt wurden, machten sie ähnliche Erfahrungen wie die übrigen Passagiere, u.a. Schlafentzug und Verweigerung eines Rechtsbeistandes.

252. Am 1. Juni 2010 hat das Amtsgericht von Ashkelon vier palästinensische Israelis in Haft gerügt: Herrn Muhammed Zeidan, Vorsitzenden des *High Follow-up Committee for Arab Citizens of Israel*; Sheikh Raed Salah, Leiter des *Islamic Movement of Israel* (northern branch); Sheikh Hamad Abu Daabe, Leiter des *Islamic Movement of Israel* (southern branch) und Frau Lubna Masarwa von der „Free Gaza"-Bewegung. Am 3. Juni 2010 beschloss das gleiche Gericht die Freilassung der Gruppe unter gewissen Bedingungen, u.a. Hausarrest bis zum 8. Juni, Verbot, während 45 Tagen das Land zu verlassen, sowie Hinterlegung einer Kaution von 150.000 Shekel durch Dritte.

253. Gegen diese vier Personen wurde bisher offiziell keine Anklage erhoben, aber ihr Fall ist noch anhängig, und die Beschuldigungen wurden nicht zurückgenommen.

(b) Vergeltungsmaßnahmen gegen ein gewähltes Mitglied der Knesset

254.   Ein Mitglied der israelischen Knesset, Frau Hanien Zoabi, war Passagierin der *Mavi Marmara*. Frau Zoabi wurde nicht verhaftet, aber sie wurde eingehend verhört.

255.   Als Folge ihrer Beteiligung an der Flottille beschloss die Knesset am 7. Juni 2010, Frau Zoabi drei parlamentarische Privilegien zu entziehen, welche ihr als Mitglied der Knesset zustanden: ihre Privilegien bei Reisen nach Übersee; ihren Diplomatenpass; die Bezahlung allfälliger Gerichtskosten für den Fall, dass ihre parlamentarische Immunität bei Strafverfolgung aufgehoben würde. Die Knesset hielt mehrere Sitzungen zur Frage ihrer Beteiligung an der Flottille ab, während welchen rassistische und sexistische Äußerungen fielen und Drohungen körperlicher Gewalt gegen sie ausgesprochen wurden. Einige Parlamentarier verlangten auch, dass gegen sie eine Strafverfolgung eröffnet werde; Maßnahmen wie die Aberkennung ihrer Mitgliedschaft in der Knesset wurden diskutiert. Der israelische Innenminister beschuldigte Frau Zoabi des Verrats und verlangte die Zustimmung des Generalstaatsanwalts, ihr die Staatsangehörigkeit abzuerkennen. Ohne einen dramatischen Paradigmenwechsel im Nahen Osten sind weitere Katastrophen dieser Art zu erwarten. Seit ihrer Beteiligung an der Gaza-Flottille hat Frau Zoabi zahlreiche Todesdrohungen erhalten.

256.   Die Kommission für Menschenrechte von Parlamentariern der Interparlamentarischen Union stimmte in ihrer 136. Sitzung im Juli 2010[107] einem vertraulichen Entscheid zu, in welchem die Bestrafung von Frau Zoabi für die Ausübung ihres Rechts auf freie Meinungsäußerung durch die Bekundung ihrer politischen Position für unannehmbar gehalten und die Knesset aufgefordert wird, ihren Entscheid erneut in Erwägung zu ziehen.

257.   Die Kommission enthält sich jeglichen Kommentars zu internen Verfahren, welche *sub iudice* sein mögen. Sie hält jedoch fest, dass diese Aktionen gegen israelische Staatsangehörige eine Verletzung gewisser Verpflichtungen Israels aufgrund des humanitären Völker-

---

[107]   Fall Nr. ++/04 – Hanien Zoabi – Israel

rechts darstellen könnten, so des Rechts auf freie Meinungsäußerung, des Rechts auf politische Teilnahme und des Rechts auf einen
fairen Prozess.

IV. RECHENSCHAFT UND ANGEMESSENE RECHTSMITTEL

258. Die Kommission hält fest, dass die als gesichert festgestellten Tatsachen eine Reihe von Rechtsverletzungen darstellen. Gemäß den Bestimmungen des Internationalen Paktes über bürgerliche und politische Rechte haben die Opfer solcher Rechtsverletzungen Anspruch auf angemessene Rechtsmittel, diese beinhalten gerichtliche Maßnahmen ebenso wie Anspruch auf eine Wiedergutmachung, die im Verhältnis zur Gewichtigkeit der Verletzungen stehen sollte. Im Fall von Folter müssen die Opfer zusätzlich medizinische und psychologische Hilfe erhalten. Schließlich sieht Artikel 9 (5) des Paktes einen spezifischen Anspruch auf Entschädigung vor. Was die schwerwiegenden Verstöße gegen die 4. Genfer Konvention betrifft, können diese Anlass zu individueller strafrechtlicher Verantwortlichkeit geben.

259. In der Vergangenheit hat Israel seine im vorstehenden Abschnitt erwähnten Verpflichtungen nicht eingehalten. Es ist zu hoffen, dass im vorliegenden Fall die israelischen Behörden und die Verantwortlichen unverzüglich eine unabhängige und unparteiische Untersuchung der Verletzungen des Völkerrechts, des humanitären Völkerrechts und der Menschenrechte einleiten werden mit dem Ziel, die Täter zur Rechenschaft zu ziehen.

V. Schlussfolgerungen

260. Der Angriff auf die Flottille muss im Zusammenhang mit den aktuellen Problemen zwischen der israelischen Regierung und den palästinensischen Behörden und Menschen gesehen werden. Bei der Erfüllung ihrer Aufgabe war die Kommission mit der Ernsthaftigkeit der Überzeugung konfrontiert, mit der beide Seiten die Richtigkeit ihres Standpunktes vertreten. Es ist wahrscheinlich, dass sich ähnliche Katastrophen ereignen werden, sofern nicht eine dramatische Veränderung in den bestehenden Parametern eintritt. Es muss daran erinnert werden, dass Macht und Stärke erhöht werden, wenn sie mit Gerechtigkeitssinn und Fairplay einhergehen. Frieden und Respekt müssen verdient werden und können nicht aus einem Gegner herausgeprügelt werden. Ein ungerechter Sieg hat bekanntlich noch nie dauerhaften Frieden gebracht.

261. Die Kommission ist zur festen Überzeugung gelangt, dass am 31. Mai 2010 in Gaza eine humanitäre Krise herrschte. Das Gewicht der Beweise aus einwandfreien Quellen ist zu schwer wiegend, als dass man zu einer gegenteiligen Meinung kommen könnte. Ein Abstreiten dieser Tatsache kann mit keinen vernünftigen Argumenten gestützt werden. Eine der Folgerungen hieraus ist, dass allein aus diesem Grund die Blockade rechtswidrig ist und nicht rechtmäßig aufrechterhalten werden kann. Dies trifft zu ungeachtet der Argumente, mit welchen versucht wird, die Rechtmäßigkeit der Blockade zu begründen.

262. Daraus folgt unmittelbar: Grundsätzlich sind die Aktionen der israelischen Streitkräfte auf Hoher See unter den gegebenen Umständen und aus den angegebenen Gründen eindeutig rechtswidrig. Insbesondere kann die Aktion unter diesen Umständen auch nicht mit Art. 51 der Charta der Vereinten Nationen gerechtfertigt werden.

263. Israel sucht die Blockade mit Sicherheitserfordernissen zu rechtfertigen. Israel hat wie jeder andere Staat ein Recht auf Frieden und Sicherheit. Das Abfeuern von Raketen und anderer Kriegsmunition auf israelisches Territorium von Gaza aus stellt eine Verletzung des Völkerrechts und des humanitären Völkerrechts dar. Aber Vergeltungsmaßnahmen, die einer kollektiven Bestrafung der Zivilbevölkerung von Gaza gleichkommen, sind weder unter den gegebenen noch unter irgendwelchen Umständen rechtmäßig.

264. Das Verhalten des israelischen Militärs und anderer Personen gegenüber den Passagieren der Flottille war nicht nur unter den gegebenen Umständen unverhältnismäßig, sondern zeigte auch ein Übermaß an vollkommen unnötiger und unglaublicher Gewalt. Es bewies einen unannehmbaren Grad von Brutalität. Ein solches Verhalten kann nicht aus Sicherheits- oder irgendwelchen anderen Gründen gerechtfertigt oder geduldet werden. Es stellte eine schwere Verletzung der Menschenrechte und des humanitären Völkerrechts dar.

265. Die Kommission hält fest, dass verschiedene Verletzungen und Vergehen begangen wurden. Sie ist nicht der Meinung, dass sie in der verfügbaren Zeit in der Lage war, ein umfassendes Verzeichnis aller Vergehen aufzustellen. Es gibt jedoch klare Beweise, welche eine strafrechtliche Verfolgung folgender Delikte unter den Bestimmungen von Artikel 147 der 4. Genfer Konvention stützen:

- vorsätzliche Tötung

- Folter oder unmenschliche Behandlung

- vorsätzliche Verursachung von großem Leiden oder schwere Verletzungen des Körpers oder der Gesundheit

Die Kommission ist auch der Ansicht, dass eine Reihe von Verletzungen der Verpflichtungen Israels gemäß internationalem Völkerrecht stattgefunden haben, u.a.

- Recht auf Leben (Artikel 6 ICCPR)

- Folter und andere grausame, unmenschliche oder erniedrigende Behandlung oder Bestrafung (Artikel 7 ICCPR; CAT UN-Ausschuss gegen Folter)

- Recht auf persönliche Freiheit und Sicherheit und Freiheit vor willkürlicher Festnahme oder Haft (Artikel 9 ICCPR)

- Recht festgenommener Personen, mit Menschlichkeit und Respekt für die Menschenwürde behandelt zu werden (Artikel 10 ICCPR)

- Recht auf freie Meinungsäußerung (Artikel 19 ICCPR)

Das Recht auf wirksame Rechtsmittel soll für alle Opfer gewährleistet sein. Die Kommission darf keinesfalls dahingehend interpretiert werden, dass dies eine umfassende Auflistung ist.

266. Die Kommission stellt fest, dass das Zurückbehalten durch die israelischen Behörden von unrechtmäßig beschlagnahmtem Eigentum ein fortgesetztes Delikt ist, und fordert Israel auf, dieses Eigentum unverzüglich zurückzuerstatten.

267. Da die Täter, welche die schwerwiegenderen Verbrechen begangen haben, maskiert waren, können diese nicht ohne die Unterstützung durch israelische Behörden identifiziert werden. Sie reagierten jedes Mal mit Gewalt wenn sie vermuteten, jemand versuche, sie zu identifizieren. Die Kommission hofft ernsthaft auf eine Zusammenarbeit mit der israelischen Regierung bei der Identifizierung der Schuldigen im Hinblick auf ihre strafrechtliche Verfolgung, um die Angelegenheit abzuschließen.

268. Der Kommission ist bewusst, dass dies nicht das erste Mal ist, dass die Regierung von Israel es ablehnt, bei einer Untersuchung von Ereignissen mitzuarbeiten, an welchen ihr Militär beteiligt ist. Im vorliegenden Fall anerkennt die Kommission die Versicherung des ständigen Vertreters Israels, dass die Stellung, die einzunehmen er angewiesen wurde, in keiner Weise gegen die Mitglieder der Kommission in deren persönlicher Eigenschaft gerichtet war. Es ist jedoch bedauerlich, dass erneut anlässlich einer Untersuchung von Umstän-

den, die zum Verlust von Menschenleben durch die Hand des israelischen Militärs führten, die Regierung von Israel sich weigert, mit einer Untersuchungskommission zusammenzuarbeiten, die sie nicht selbst ernannt hat oder in welcher sie nicht signifikant vertreten ist.

269. Die Kommission bedauert es, dass ihrem Ersuchen an die Ständige Vertretung von Israel um Informationen nicht stattgegeben wurde. Der anfänglich angegebene Grund war, dass die Regierung von Israel ihr eigenes unabhängiges, hochrangig besetztes Gremium von hervorragenden Persönlichkeiten zur Untersuchung des Zwischenfalls mit der Flottille ernannt habe. Der Kommission wurde mitgeteilt, dass dies der Grund sei, und auch weil der Generalsekretär ebenfalls die Ernennung eines weiteren hervorragenden Komitees mit einem ähnlichen Mandat angekündigt habe, so dass „eine weitere Initiative des Menschenrechtsrates in diesem Zusammenhang unnötig und unproduktiv sei".

270. Die Kommission teilte diese Ansicht nicht und schlug deshalb dem ständigen Vertreter Israels vor, dass dieser an den Rat und nicht an die Kommission ein Begehren richte, wonach die Kommission die Abgabe ihres Berichts verschieben solle, um den beiden anderen Untersuchungsgremien zu erlauben, ihre Aufgabe abzuschließen. Die Kommission hat bis jetzt keine solche Weisung des Rates erhalten, ist jedoch der Ansicht, dass sie verpflichtet gewesen wäre, auf eine solche Anweisung des Rates positiv zu reagieren.

271. Angesichts der Tatsache, dass die Turkel-Kommission und die Untersuchungskommission des UN-Generalsekretärs ihre Sitzungen noch nicht abgeschlossen haben, enthält sich die Kommission jeglicher Kommentare, die in dem Sinne ausgelegt werden könnten, dass es diesen Körperschaften nicht gestattet sei, ihre Aufgabe „unbeeinflusst von äußeren Ereignissen" zu Ende zu führen. Die Kommission beschränkt sich auf die Beobachtung, dass das Vertrauen der Öffentlichkeit in einen Untersuchungsprozess wie den vorliegenden nicht gestärkt wird, wenn der Gegenstand der Untersuchung sich entweder selbst untersucht oder eine maßgebende Rolle in dem Prozess spielt.

272. An anderer Stelle in diesem Bericht bezieht sich die Kommission auf die Tatsache, dass sie es für nötig befand, ihr Mandat neu zu definieren aufgrund der Formulierungen der Resolution, durch welche sie einberufen wurde. Bei der Abfassung solcher Texte darf keinesfalls der Eindruck von Voreingenommenheit entstehen. Die Kommission legte besonderen Wert darauf, bei der ersten Gelegenheit darauf hinzuweisen dass sie ihr Mandat dahingehend versteht, dass sie ihre Aufgabe ohne Vorbedingungen oder Vorurteile angehen müsse. Sie möchte allen Betroffenen zusichern, dass sie sich genauestens an diese Position gehalten hat.

273. Alle Passagiere, die sich an Bord der zur Flottille gehörenden Schiffe befanden und die vor der Kommission erschienen, beeindruckten deren Mitglieder als Personen, die aufrichtig dem humanistischen Geist verpflichtet und von einem tiefen und echten Bemühen um das Wohlergehen der Bewohner von Gaza getrieben sind. Die Kommission kann nur der Hoffnung Ausdruck geben, dass die Differenzen eher kurz- als langfristig gelöst werden können, so dass in der Region Frieden und Harmonie einkehren können.

274. Neun Menschen haben ihr Leben verloren und mehrere andere erlitten schwere Verletzungen. Nach den Beobachtungen der Kommission wurden tiefe psychologische Wunden zugefügt durch die Erfahrungen, die nicht nur für die Passagiere, sondern auch für die verwundeten Soldaten traumatisch gewesen sein müssen. Die Mitglieder der Kommission drücken ihr Mitgefühl mit allen Betroffenen und insbesondere mit den Familien der Verstorbenen aus.

275. Die Kommission ist nicht allein mit ihrer Feststellung, dass in Gaza eine beklagenswerte Situation herrscht. Sie wurde als „unhaltbar" definiert. Sie ist absolut unannehmbar und kann im 21. Jahrhundert nicht geduldet werden. Es ist erstaunlich, dass irgendjemand die Lage der Menschen dort als auch nur den einfachsten Grundbedürfnissen genügend bezeichnen kann. Die Parteien und die internationale Gemeinschaft sind dringend aufgerufen eine Lösung zu finden, welche allen legitimen Sicherheitsbedürfnissen sowohl Israels wie der Menschen in Palästina gerecht wird, die beide gleichermaßen Anspruch auf „ihren Platz unter dem Himmel" haben. Die anscheinende Unvereinbarkeit in diesem Fall von Recht auf Sicherheit und Recht auf

ein anständiges Leben, die sich konkurrieren, kann nur gelöst werden, wenn alte Feindschaften dem Sinn für Gerechtigkeit und Fairness untergeordnet werden. Man muss die Kraft finden, sich aus der Trauer, die in der Erinnerung wurzelt, aufzuraffen und vorwärtszuschreiten.

276. Die Kommission hat sich auch mit der Stellung der humanitären Organisationen befasst, welche in Situationen andauernder humanitärer Krisis eingreifen möchten, in denen die internationale Gemeinschaft, aus welchen Gründen auch immer, nicht willens ist, positiv zu handeln. Diese werden allzu oft beschuldigt, sich einzumischen, oder sie werden im schlimmsten Fall als Terroristen oder feindliche Agenten bezeichnet.

277. Es wird unterschieden zwischen Tätigkeiten zur Milderung der Krise und solchen, welche die Ursachen angehen, die die Krise schaffen. Letztere werden als politische Aktionen definiert und sind deshalb nicht geeignet für Gruppen, die als humanitär verstanden werden möchten. Dieser Punkt wird erwähnt, weil es sich zeigte, dass ein Teil der Passagiere nur daran interessiert war, den Menschen in Gaza Hilfsgüter zu bringen, während für andere die wesentliche Absicht war, auf die Blockade aufmerksam zu machen mit dem Ziel, diese zu beenden, da dies der einzige Weg zur Lösung der Krise sei. Es sollte eine Analyse gemacht werden, um humanitäre Einstellung klar von humanitären Aktionen zu unterscheiden, damit eine allgemein anerkannte Form von Intervention und Rechtssprechung gefunden werden kann, die zur Anwendung kommen, wenn humanitäre Krisen eintreten.

278. Die Kommission hofft sehr, dass denen, die als Folge der gesetzeswidrigen Handlungen der israelischen Armee Verluste erlitten haben, keine Hindernisse in den Weg gelegt werden und sie angemessen und rasch entschädigt werden. Es ist zu hoffen, dass die Regierung von Israel schnell handelt. Dies wird viel dazu beitragen, den bedauerlichen Ruf zu verbessern, den dieses Land hinsichtlich Straflosigkeit und Unnachgiebigkeit in internationalen Angelegenheiten hat. Es wird auch all jene bestärken, die ehrlich mit Israels Lage sympathisieren, und ihnen helfen, Land und Leute zu unterstützen, ohne selbst stigmatisiert zu werden.

ANHANG

ANHANG I

Die Internationale Untersuchungskommission des Menschenrechtsrates, einberufen am 2. Juni 2010 mit Res. 14/1 als Internationale Untersuchungskommission über die Ereignisse des Zwischenfalls um die Gaza-Flottille.

Richtlinien

Hintergrund

1. In seiner 14. Sitzung beschloss der Menschenrechtsrat in Res. 14/1 vom 2. Juni 2010, „eine unabhängige internationale Untersuchungskommission zu entsenden, um Verletzungen des internationalen Rechts, einschließlich des humanitären Völkerrechtes und der Menschenrechte zu untersuchen, die bei den Angriffen auf die Schiffsflottille erfolgten, die mit humanitären Hilfsgütern nach Gaza unterwegs war".

2. Am 23. Juli 2010 berief der Präsident des Menschenrechtsrates gemäß Paragraph 9 der Resolution drei angesehene Experten in diese Untersuchungskommission: Richter Karl Hudson-Phillips als Vorsitzenden, des weiteren Sir Desmond de Silva und Frau Mary Shanthi Dairiam. Die Mitglieder der Kommission nahmen am 9. August 2010 offiziell ihre Arbeit auf.

3. Die Untersuchungskommission wird in Paragraph 9 der Resolution ersucht, ihre Untersuchungsergebnisse dem Rat in der 15. Sitzung vorzutragen.

Interpretation des Auftrags

4. Die Mitglieder der Kommission haben ihren Auftrag dahingehend interpretiert, die Fakten und Umstände im Zusammenhang mit der Aufbringung der in Richtung Gaza fahrenden Flottille durch Israel zu ermitteln, um bestimmen zu können, ob es dabei zu Verletzungen des internationalen Rechts, einschließlich des humanitären Völkerrechts und der Menschenrechte kam.

5. Zur Erfüllung dieser Aufgabe haben die Mitglieder der Kommission dem Rat ihre Vorgehensweise wie folgt vorgestellt:

   (a) Im Mittelpunkt sollten sowohl die Ereignisse in internationalen Gewässern vom 31. Mai 2010 stehen als auch das Verhalten der israelischen Behörden unmittelbar nach dieser Operation und die Art und Weise der Rückführung der Teilnehmer an der Flottille.

   (b) Es sollte versucht werden, u. a. in die Türkei, nach Gaza, Israel und Jordanien zu reisen, um Augenzeugen, Staatsbedienstete und Nicht-Regierungsorganisationen zu treffen.

   (c) Falls notwendig, sollten Reisen in andere Länder für weitere Zeugenbefragungen erfolgen.

   (d) Zur Erfüllung ihres Auftrags sollten Nachforschungen aller Art, die sie hinsichtlich der bisher erwähnten Punkte für erforderlich hält, angestellt werden.

Untersuchungsmethode

6. Die Mitglieder der Kommission beabsichtigen, ihre Untersuchung unabhängig und unvoreingenommen durchzuführen, und bemühen sich deshalb, Informationen von allen an den Ereignissen Interessierten zu erhalten, um ein möglichst vielfältiges Spektrum an Meinungen und Ansichten zu erfassen.

7.   Die Kommission ist der Ansicht, dass für einen derartigen Auftrag die gängigen Standards für Untersuchungskommissionen der Vereinten Nationen gelten, u. a.:

(a)   Die Kommission sollte die volle Unterstützung aller Mitgliedsstaaten der Vereinten Nationen genießen.

(b)   Ihre Mitglieder und ihr Stab sollen alle Privilegien und Immunitäten genießen, die gemäß der *UN-Konvention über Privilegien und Immunitäten* derartigen Kommissionen zustehen, sowohl den Mitgliedern wie deren Mitarbeitern.

(c)   Die Kommission sollte in den Gebieten, die für die Untersuchung von Bedeutung sind, volle Bewegungsfreiheit haben.

(d)   Die Kommission sollte uneingeschränkt Zugang zu allen Orten und Einrichtungen haben, um frei und ungehindert Vertreter der Regierung und lokaler Behörden zu treffen und zu befragen, ebenso Vertreter der Streitkräfte, Leiter von Vereinen und Gemeinden, von Nicht-Regierungsorganisationen und anderen Einrichtungen sowie alle Personen, deren Zeugenaussage oder Sachverständigenurteil für die Erfüllung des Auftrags notwendig und sachdienlich erscheint.

(e)   Der Kontakt der Kommission zu Einzelpersonen und Organisationen sollte uneingeschränkt und wechselseitig gegeben sein.

(f)   Die Kommission sollte ungehindert Zugang zu allen Informationsquellen, einschließlich dokumentarischem Material und Beweisstücken haben.

(g)   Der Schutz von Opfern, Zeugen sowie aller Personen, die im Zusammenhang mit der Untersuchung mit der Kommission in Kontakt stehen, muss gewährleistet sein. Niemand soll infolge dieses Kontaktes belästigt, bedroht, eingeschüchtert oder misshandelt werden noch Vergeltung erleiden.

8.   Angesichts der großen Zahl von möglichen Augenzeugen der Ereig-
      nisse und der Kürze der zur Verfügung stehenden Zeit werden die
      Mitglieder der Kommission einen geeigneten Kriterienkatalog für
      die Auswahl der Zeugen und ihre Befragung erstellen.

Sekretariat

9.   Der UN-Hochkommissar für Menschenrechte hat zur Unterstüt-
      zung der Kommission einen Mitarbeiterstab als Sekretariat zur Ver-
      fügung gestellt, dem fünf professionelle Menschenrechtsexperten,
      ein Administrator und ein Sicherheitsexperte angehören. Weitere
      Experten aus den Bereichen Pathologie, Seerecht, internationales
      Recht und Kriegsrecht werden der Kommission zusätzlich beratend
      zur Seite stehen.

10.   Die Kommission wird ihren Sitz im Büro des UN-Hochkommis-
      sars für Menschenrechte in Genf haben.

Anhang 2: Korrespondenz

(a)   Schreiben vom 10. August 2010 von Herrn Karl T. Hudson-Phillips, Vorsitzender der Untersuchungskommission der Vereinten Nationen, an S.E. Herrn Botschafter Aharon Leshno Yaar, Ständiger Vertreter Israels bei dem Büro der Vereinten Nationen und ihrer Sonderorganisationen in Genf

NATIONS UNIES  UNITED NATIONS

Fax: (41-22) 928 9003, Telephone: (41 22) 928 925, E-mail: factfindinggaza@ohchr.org

Exzellenz,

ich schreibe Ihnen in meiner Eigenschaft als Vorsitzender der Untersuchungskommission der Vereinten Nationen, die der Menschenrechtsrat aufgrund seiner Entschließung 14/1 vom 1. Juni 2010 eingesetzt hat. Seine Exzellenz Ratspräsident Herr Sihasak Phuangketkeow hat mich am 23. Juli 2010 berufen und beauftragt, zusammen mit Sir Desmond de Silva und Frau Mary Shanthi Dairiam die Vorgänge vom 31. Mai zu untersuchen, die mit dem Aufbringen der Schiffsflottille für humanitäre Hilfe für Gaza im Zusammenhang stehen.

Die Kommission wird sich an ihr Mandat halten und ihre Arbeit in Unabhängigkeit und Unparteilichkeit ausführen. Als Einrichtung mit vollkommener Unabhängigkeit legt die Kommission im Augenblick die Richtlinien für ihre Arbeit und ihren Zeitplan fest.

Als Vorsitzender der Untersuchungskommission bin ich der Ansicht, dass es für die Untersuchung der Vorgänge notwendig und wichtig ist, alle einschlägigen Umstände zu berücksichtigen. Dazu gehört, dass die Kommission die Möglichkeit erhält, nach Israel zu reisen und Zugang zu erhalten zu den zuständigen Amtspersonen in der Regierung Israels, zu den Mitgliedern der israelischen Untersuchungsgruppe und den amtlichen Dokumenten. Dabei wäre ich für Ihre Zusammenarbeit dankbar.

Ich möchte Sie deshalb um eine Zusammenkunft bitten, um Sie über unsere Kommission zu unterrichten und alle wichtigen Fragen zu besprechen. Bitte lassen Sie mich wissen, wann Sie zu einem möglichst baldigen Treffen mit uns zur Verfügung stehen.

Bitte genehmigen Sie, Exzellenz, den Ausdruck meiner größten Hochachtung.

Mr. Karl T. Hudson-Phillips
Chair of the United Nations Fact-Finding Mission

gez. Karl T. Hudson-Phillips,
Leiter der Untersuchungskommission der Vereinten Nationen

Doppel für Seine Exzellenz Herrn Sihasak Phuangketkeow, Präsident des Menschenrechtsrats

b) Schreiben vom 18. August 2010 von S.E. Herrn Aharon Leshno Yaar an S.E. Botschafter Sihasak Phuangketkeow, Präsident des Menschenrechtsrats

Mission permanente d'Israël
auprès de l'Office des Nations Unies
et des Organisations Internationales à Genève

משלחת ישראל
ליד משרד האומות המאוחדות
והארגונים הבינלאומיים בג'נבה

Exzellenz,

ich beziehe mich auf die Berufung einer Kommission zur Untersuchung des Flottenzwischenfalls, der sich am 31. Mai 2010 ereignete, in Ausführung von Resolution A/HRC/RES/14/1 vom 2. Juni 2010.

Die Formulierung des Mandats, wonach das internationale Recht „verletzt" worden sei und Israel die Flottille „angegriffen" habe, noch bevor irgendeine Untersuchung stattgefunden hat, ist deutlich vorurteilsbehaftet. Davon unabhängig ist die vorgeschlagene Kommission eindeutig überflüssig, weil die Unabhängige Öffentliche Expertenkommission bereits zur Untersuchung des Falls berufen wurde.

Wie Ihnen vielleicht bekannt ist, hat die Regierung Israels am 14. Juni 2010 eine Unabhängige Öffentliche Expertenkommission wegen der mit dem Flottillenzwischenfall zusammenhängenden Fragen berufen. Die Kommission wird vom ehemaligen Richter am Obersten Gerichtshof Yaakov Turkel geleitet. Außer Rechts- und Seefahrtsfachleuten gehören ihr als internationale Beobachter der Nobelpreisträger Lord William David Trimble aus Nordirland und der frühere kanadische Leiter der Militärjustiz Kenneth Watkin an.

Diese Kommission ist ermächtigt, Personen und Organisationen als Zeugen zu laden, und jede zuständige Regierungsbehörde ist verpflichtet, der Kommission angeforderte Informationen und Dokumente zu überlassen.

Auf Antrag von Richter Turkel und seiner Kommission wurde ihr Mandat noch erweitert. Sie wurde zusätzlich ermächtigt, Zeugen einzubestellen und unter Eid zu vernehmen, gemäß den Bestimmungen des israelischen Gesetzes von 1968 über Untersuchungskommissionen.

Zusätzlich zu dieser unabhängigen Untersuchung hat der Generalsekretär der Vereinten Nationen eine angesehene internationale Gruppe berufen, die Tatsachen, Umstände und Zusammenhang des Vorfalls untersuchen und Vorschläge für die Vermeidung ähnlicher Vorfälle machen soll. Israel wie auch die Türkei arbeitet mit dieser Gruppe zusammen.

Ich hoffe, dass Sie angesichts der vollständig unabhängigen israelischen Untersuchung und der zusätzlichen Prüfung durch die vom Generalsekretär berufene Arbeitsgruppe Verständnis dafür haben, dass eine weitere Initiative des Menschenrechtsrats unnötig und unergiebig ist.

Genehmigen Sie, Exzellenz, die Versicherung meiner fortgesetzten vollkommenen Hochachtung.

Aharon Leshno Yaar
Ambassador
Permanent Representative

gez. Aharon Leshno Yaar,
Botschafter,
Ständiger Vertreter

c)	Schreiben vom 7. September 2010 von Herrn Karl T. Hudson-
	Phillips an S.E. Herrn Aharon Leshno Yaar
	betreffend Untersuchungskommission des Menschenrechtsrats zum
	Gaza-Flottillenvorfall.

NATIONS UNIES   UNITED NATIONS

Fax: (41-22) 928 9003, Telephone: (41 22) 928 925, E-mail: factfindinggaza@ohchr.org

Exzellenz,

erlauben Sie mir, mich hochachtungsvoll auf das Treffen zu beziehen,
das Mitglieder der oben erwähnten Kommission mit Ihnen am 18. August
2010 hatten. Ich bitte um Nachsicht, wenn ich weiter die seinerzeitige Haltung Ihrer Regierung bedaure, nicht mit der vom Menschenrechtsrat berufenen Kommission zusammenzuarbeiten, dies mit der Begründung, dass
eine solche Initiative „sowohl unnötig wie unergiebig" sei.

Seit unserer Zusammenkunft hat die Kommission, die ich die Ehre habe
zu leiten, mit Fleiß in dem Bemühen gearbeitet, ihre Aufgabe in der festgelegten Frist bis zum 27. September 2010 zu erledigen. Es wurde beträcht-
licher Fortschritt bei der Ermittlung der tatsächlichen Umstände erzielt.
Indes bedauert die Kommission, dass sie wegen der Haltung Ihrer Regierung keinen direkten Zugang zu möglicherweise sachdienlichen Informationen erhält.

Die Kommission hat die Auswirkungen der Haltung Ihrer Regierung
vorausgesehen. Sie werden sich gewiss daran erinnern, dass Ihnen bei der
erwähnten Zusammenkunft eine Liste mit Auskunftsersuchen an Ihre Regierung übergeben wurde. Dies geschah in der hoffentlich nicht vergeblichen Erwartung einer Kooperation, ungeachtet der anscheinend unmiss-
verständlichen Position Ihrer Regierung zu jener Zeit.

Ich erlaube mir, Ihnen das oben erwähnte Auskunftsersuchen noch einmal in Kopie zu übersenden und die Frage zu stellen, ob die Haltung Ihrer
Regierung Ihnen jetzt eine positive Beantwortung möglich macht.

Ich bitte Eure Exzellenz, die Versicherung meiner fortgesetzten voll-kommenen Hochachtung entgegenzunehmen.

Mr. Karl T. Hudson-Phillips
Chair of the United Nations Fact-Finding Mission

gez. Karl T. Hudson-Phillips,
Leiter der Untersuchungskommission der Vereinten Nationen

Doppel für Seine Exzellenz Herrn Sihasak Phuangketkeow, Präsident des Menschenrechtsrats

Anlage

1. Besuche in Israel und Gaza zwecks Prüfung von Beweisen und sachdienlichen Beobachtungen

2. Zur Beweiserhebung insbesondere:

   a) Besuch Israels, um Zeugen zu hören,

   b) Besuch Gazas, um die Lage aus erster Hand kennen zu lernen,

   c) Gegenstände im Besitz der israelischen Behörden in Augenschein zu nehmen, einschließlich originaler Videoaufnahmen, die von den israelischen Streitkräften oder auf ihre Anweisung oder unter ihrer Aufsicht gemacht wurden,

   d) Inaugenscheinnahme und Prüfung von Gegenständen, die israelische Behörden von den Schiffspassagieren beschlagnahmt haben sollen,

   e) Behauptung missbräuchlicher Nutzung von Kreditkarten, Vorhandensein von Fotomaterial und Ausrüstung, Telefonen, etc.,

   f) Arztberichte israelischer Behörden über Personen, die vor ihrem Tod in Israel behandelt oder später obduziert wurden - sowohl israelische wie nicht-israelische Personen, einschließlich eventuell vorhandener Obduktionsberichte,

   g) alternativ zu d) ordnungsgemäß beglaubigte Kopien von Aussagen israelischer Zeugen mit Bezug auf

   i) Verletzungen israelischen Personals,

   ii) Art und Kaliber von Feuerwaffen und Geschossen, die bei dem Geschehen benutzt wurden.

gez. Karl T. Hudson-Phillips

d) Schreiben vom 13. September 2010 von S.E. Herrn Aharon Leshno Yaar gerichtet an Herrn Karl T. Hudson-Phillips

NATIONS UNIES　　　　　　　　　　UNITED NATIONS

Fax: (41-22) 928 9003, Telephone: (41 22) 928 925, E-mail: factfindinggaza@ohchr.org

Exzellenz,

vielen Dank für Ihren Brief vom 7. September 2010 und Ihr aufrichtiges Interesse, alle Seiten zu hören einschließlich Israel, bevor Sie die Arbeit Ihrer Untersuchungskommission zu Ende führen.

Wie Ihnen gewiss bekannt ist, hat die Regierung Israels am 14. Juni 2010 eine Unabhängige Öffentliche Kommission berufen, unter Leitung des pensionierten Richters am Obersten Gerichtshof Jacob Turkel und unter Mitwirkung internationaler Beobachter. Diese Kommission hat in den letzten Monaten eine beträchtliche Anzahl von Anhörungen abgehalten und ist dabei, weitere Zeugenaussagen von Amtspersonen aus vielen Bereichen in Israel einzuholen. Diese Anhörungen sind öffentlich, und Protokolle der Zeugen sind auf der Webseite der Kommission veröffentlicht worden, auch auf Englisch. Es wird erwartet, dass die Kommission ihre Arbeit zügig abschließt.

Außerdem hat der Generalsekretär der Vereinten Nationen am 2. August 2010 die Einsetzung einer Arbeitsgruppe zur Untersuchung der Vorgänge des 31. Mai 2010 angekündigt. Nach ausführlichen Konsultationen und Verhandlungen hat Israel sich bereit erklärt, mit der Gruppe zusammenzuarbeiten. Zwei Runden von Zusammenkünften haben bereits stattgefunden. Die Gruppe hat die Erwartung, dass ihre Arbeit bald nach dem Ende der nationalen Untersuchungen in Israel und der Türkei beendet werden kann.

Israel ist der Ansicht, dass Ihre Kommission angesichts der laufenden Arbeiten dieser beiden Gremien erst dann einen Bericht für den Menschenrechtsrat verantwortungsvoll erstellen kann, wenn die Arbeiten dieser beiden Gremien vorliegen. Bei unserem Zusammentreffen am 18. August 2010 haben Sie und die anderen Mitglieder Ihrer Kommission Wert auf die Feststellung gelegt, dass die Ergebnisse Ihrer Ermittlungen ein faires und entsprechend internationaler Praxis ein möglichst vollständiges Bild der Ereignisse widerspiegeln.

Aus diesem Grunde und bevor Ihre Kommission in der Lage ist, einen Bericht zu erstellen, scheint es erforderlich, die Beendigung von Israels interner Arbeit zusammen mit seiner Kooperation mit der vom Generalsekretär berufenen Arbeitsgruppe abzuwarten. Ich bitte nachdrücklich um Prüfung, die Vorlage Ihres Berichts aufzuschieben, bis jene Abläufe in natürlicher Weise zu Ende geführt sind, unbeschadet von äußeren Ereignissen.

Genehmigen Sie, Exzellenz, die Versicherung meiner fortgesetzten größten Hochachtung.

Aharon Leshno-Yaar
Ambassador
Permanent Representative

gez. Aharon Leshno Yaar,
Botschafter,
Ständiger Vertreter

e) Schreiben vom 14. September 2010 von Herrn Karl T. Hudson-Phillips an Seine Exzellenz Herrn Aharon Leshno Yaar

NATIONS UNIES  UNITED NATIONS

Fax: (41-22) 928 9003, Telephone: (41 22) 928 925, E-mail: factfindinggaza@ohchr.org

Exzellenz,

ich bestätige den Empfang Ihres Schreibens vom 13. des laufenden Monats in Beantwortung meines Schreibens vom 7. September 2010. Zu allererst möchte ich meine Anerkennung darüber zum Ausdruck bringen, dass Ihre Regierung ihre Haltung zu der Kommission, die ich die Ehre habe zu leiten, offensichtlich überdacht hat.

Ich beziehe mich in diesem Zusammenhang auf Ihr Schreiben vom 18. August 2010 an den Präsidenten des Menschenrechtsrats, S.E. Botschafter Sihasak Phuangketkeow, in dem Sie die seinerzeitige Haltung Ihrer Regierung ausdrückten, wonach die Kommission nicht nur „überflüssig", sondern „sowohl unnötig wie auch unergiebig" sei. Die Bemerkung in Ihrem Bezugsschreiben, dass die Kommission jetzt in der Lage sei, „verantwortungsvoll" (Ihr Ausdruck) an den Menschenrechtsrat zu berichten, stellt eine deutliche Änderung Ihrer vorher geäußerten Position dar. Ich bedaure allerdings, dass ich persönlich nicht der Ansicht zustimmen kann, dass das Vorliegen nationaler Untersuchungen Voraussetzung für verantwortungsvolle Berichterstattung an den Rat darstellt.

Wie Ihnen bekannt ist, hat der Menschenrechtsrat am 2. Juni 2010 die Resolution A/HCR/RES/14/1 angenommen, die zur Ernennung dieser Untersuchungskommission führte. Die Kommission weiß natürlich, dass der Generalsekretär am 2. August die „Berufung einer Untersuchungsgruppe (panel) zum Flottillenvorfall am 31. Mai angekündigt hat. Nach Wissen meiner Kommission hat das Gremium den Auftrag, „die Berichte der nationalen Untersuchungen zu prüfen und in Empfang zu nehmen", die von den Regierungen Israels und der Türkei erwartet werden. Für meine Kommission ist es nicht ohne Bedeutung, dass der Generalsekretär es für angebracht hielt, dass das von ihm eingesetzte Gremium die Berichte der nationalen Untersuchungen (Israel und Türkei) überprüfen soll, aber nicht den Bericht meiner Kommission. Daraus muss der Schluss gezogen werden, dass es keine Notwendigkeit gab, in irgendeiner Weise die Arbeit der Unabhängigen Kommission, die der Menschenrechtsrat berufen hat, in Frage zu stellen. Es gibt offensichtlich Gründe dafür, dass Untersuchungen von Stellen durchgeführt werden, die nicht eng mit der Untersuchungsmaterie verbunden sind oder die ein Interesse an dem Ergebnis haben.

Ich bin Ihnen dankbar, mich darauf aufmerksam zu machen, dass Protokolle der Verhandlungen der Kommission unter Leitung von S.E. Richter Turkel im Internet zur Verfügung stehen. Meiner Kommission war dies seit einiger Zeit bekannt. Auch wenn eine Fassung in englischer Sprache veröffentlicht wird, worauf Sie freundlicherweise aufmerksam machen, so werden Sie doch, nehme ich an, mit mir darüber übereinstimmen, dass dies in keiner Weise ein Ersatz für den beantragten unmittelbaren Zugang zu Zeugen und einschlägigem Material sein kann. Bekanntlich hat die Kommission unter Richter Turkel keinen direkten Zugang zu einer bedeutenden Gruppe von Augenzeugen, wenn sie öffentlich tagt, oder gar überhaupt keinen Zugang. Dies ist eine wichtige Beschränkung, die nicht durch Kenntnisnahme von nicht beglaubigten Berichten im Internet wettgemacht werden kann.

Ich möchte mein Ersuchen an Ihre Regierung um zweckdienliche unmittelbare Beweismittel wiederholen, wie sie in der Liste vom 18. August aufgeführt sind. Insbesondere weise ich auf das Ersuchen um Auskunft über den Gesundheitszustand der Mitglieder der Israelischen Verteidigungsstreitkräfte hin, die bei der Aufbringung der Mavi Mamara verletzt wurden. Gemäß uns vorliegenden Beweisen wurden diese Soldaten von Ärzten an Bord untersucht. Keiner von ihnen hatte Schussverletzungen, wie es vor Richter Turkel behauptet wurde. Es geht auch um große Summen Geld und zahlreiche Videoaufnahmen, die bei Passagieren beschlagnahmt und nicht zurückgegeben wurden. Dies alles und die anderen geäußerten Bitten würden der Kommission bei ihrer Aufgabe von Hilfe sein.

Die Kommission hat Ihr Schreiben gründlich beraten, besonders die Bitte, die Vorlage des Berichts an den Menschenrechtsrat auf einen späteren Zeitpunkt zu verschieben, bis „andere Abläufe in natürlicher Weise zu Ende geführt sind, unbeschadet von äußeren Ereignissen". Die Kommission ist über das offenbar gezeigte Vertrauen in ihre Tüchtigkeit erfreut, möchte aber bescheiden anregen, dass Sie Ihr Ersuchen an den Menschenrechtsrat richten, der meine Kommission berufen hat.

Ich bitte Eure Exzellenz, die Versicherung meiner fortgesetzten vollkommenen Hochachtung entgegenzunehmen.

Mr. Karl T. Hudson-Phillips
Chair of the United Nations Fact-Finding Mission

gezeichnet Karl T. Hudson-Phillips

Doppel für Seine Exzellenz Herrn Sihasak Phuangketkeow, Präsident des Menschenrechtsrats

Anhang 3

Annex III

Ships in the flotilla

Name	Flag State	No. of Passengers with nationalities	No. of Crew with nationalities	Total	Type	Organiser	Owner
Mavi Marmara	Comoros	546 (353 Turkish nationals and 193 others) Fifteen passengers from Challenger II joined later. Algeria, Australia, Bahrain, Belgium, Bosnia and Herzegovina, Canada, Egypt, France, Germany, Kosovo,[1] Kuwait, Indonesia, Ireland, Israel, Jordan, Lebanon, FYR Macedonia, Malaysia, Mauritania, Morocco, New Zealand, Oman, Palestine, Pakistan, South Africa, Spain, Sweden, Syria, Turkey, United Kingdom, United States, Yemen.	29 Turkey	575 (589)	Passenger ship	IHH	IHH
Define	Kiribati	7 Turkey	13 Turkey, Azerbaijan	20	Cargo ship	IHH	IHH
Gazze I	Turkey	13 Turkey	5 Turkey	18	Cargo ship	IHH	IHH
Eleftheri Mesogios or Sofia	Greece	Greece, Sweden	Greece	30	Cargo ship	Ship to Gaza (Greece); Ship to Gaza (Sweden)	Eleftheri Mesogios Marine Company
Sfendoni or Boat 8000	Togo	Bulgaria, Czech Republic, Greece, Sweden, United Kingdom, United States of America.	Greece	43	Passenger boat	Ship to Gaza (Greece); Ship to Gaza (Sweden)	Sfendonh S.A
Challenger I	USA	13 Belgium, Germany, Netherlands, Poland, United Kingdom, United States of America	4[2] Ireland, United Kingdom	17	Passenger boat	Free Gaza Movement	F. G. (Human Rights) Projects
Challenger II	USA	19 Australia, Canada, Germany, Greece, Ireland, Malaysia, Norway, Serbia, United Kingdom, United States of America	1 United States of America	20	Passenger boat[3]	Free Gaza Movement	F. G. (Human Rights) Projects
Rachel Corrie	Cambodia	8 Ireland; Malaysia	1[1][4] United Kingdom; Philippines; Cuba	19	Cargo ship	Free Gaza Movement	F. G. (Human Rights) Projects

[1] Self-identified nationality

[2] Including crew. Some of the crew were also committed activists.

[3] Due to breakdown, passengers transferred to Mavi Mamara.

[4] Two Irish passengers are listed in the official manifest as crew members.

Ebenfalls im Melzer–Verlag erschienen:

HUMAN RIGHTS COUNCIL

Menschenrechte
in Palästina und
anderen besetzten
arabischen Gebieten

MIT EINER EINFÜHRUNG VON ILAN PAPPE

HERAUSGEGEBEN VON ABRAHAM MELZER

BERICHT DER UNTERSUCHUNGSKOMMISSION DER VEREINTEN NATIONEN ÜBER DEN GAZA KONFLIKT

VORWORT VON STÉPHANE HESSEL, UNESCO-PREISTRÄGER 2008

SEMIT*edition*

Mit einem Vorwort von Stéphane Hessel und Ilan Pappe
812 Seiten, Broschur, 25,00 €
ISBN: 978-3-942472-02-9